踩地马（一）

踩地马（二）

踩地马（三）

"土地"面具

远古的乡傩

魁星点斗

舞伞钱（一）

舞伞钱（二）

假面阴阳

安徽贵池傩舞的田野考察与研究

罗斌 著

中国文联出版社

图书在版编目（ＣＩＰ）数据

假面阴阳：安徽贵池傩舞的田野考察与研究 / 罗斌著. -- 北京：中国文联出版社，2024.1
ISBN 978-7-5190-5396-3

Ⅰ．①假… Ⅱ．①罗… Ⅲ．①傩文化－文化研究－贵池 Ⅳ．① K892.24

中国国家版本馆 CIP 数据核字（2024）第 026585 号

作　　者　罗　斌
责任编辑　张凯默　张家瑄
责任校对　胡世勋　方　悦
封面设计　孔未帅

出版发行　中国文联出版社有限公司
社　　址　北京市朝阳区农展馆南里 10 号　　邮编　100125
电　　话　010-85923025（发行部）　010-85923091（总编室）
经　　销　全国新华书店等
印　　刷　三河市龙大印装有限公司

开　　本　710 毫米 ×1000 毫米　　1/16
印　　张　10.25
字　　数　137 千字
版　　次　2024 年 1 月第 1 版第 1 次印刷
定　　价　76.00 元

版权所有·侵权必究
如有印装质量问题，请与本社发行部联系调换

序

冯双白

在历史的长卷中,每一页都承载着文化的重量,每一行字迹都是前人智慧的印记。中国傩文化,源自上古原始宗教信仰,流传至今,内容丰厚,形式多样。安徽贵池,素有"无傩不成村"之说,其中的傩舞恰如一部活生生的史书,记录着这片土地上人们与自然、与神灵、与内心对话的篇章。罗斌先生《假面阴阳——安徽贵池傩舞的田野考察与研究》一书,即是对这一非物质文化遗产的深度挖掘与学术致敬。它不仅仅是一部关于傩舞的研究著作,更是一次穿越时空的对话,一次心灵与传统的碰撞。

历史的低语:文化记忆的永恒召唤

文化,是民族的灵魂,是人类文明的根基。在快速发展的现代社会,非物质文化遗产面临着前所未有的挑战与机遇。《假面阴阳——安徽贵池傩舞的田野考察与研究》的诞生,正源于作者对这一文化遗产的深切关怀与学术责任。作者通过多年的田野考察,深入到傩舞的发源地之一,以亲身经历和细致观察,为我们呈现了一个鲜活的、有温度的傩舞世界。这份执着与热情，是对历史的尊重，是对文化的热爱，更是对未来的期许。

现场解码：文化探索的深度之旅

田野考察是文化研究的生命线，它要求研究者不仅要具备深厚的学术功底，更要有一颗谦卑的心，愿意倾听、学习、融入。在书中，作者以第一人称的视角，带领读者走进贵池的乡间村落，近距离接触傩舞的表演者、面具雕刻师，以及那些世代相传的民间故事。这种"身临其境"的研究方式，使得书中所展现的不仅仅是冷冰冰的数据与理论，更有情感的共鸣与文化的温度。

穿梭阴阳：神秘世界的桥梁

面具，作为傩舞中最为神秘的元素，既是表演者与观者之间的媒介，也是连接"阴"和"阳"两界的使者。该书专门用一章篇幅，深入探讨了面具的制作工艺、象征意义及其在傩舞仪式中的角色扮演。通过对面具的细腻描写，读者仿佛能够触摸到那粗糙的木纹，感受到雕刻家的匠心独运，以及面具背后所承载的信仰与文化。

时光交响：传统与现代的碰撞

在现代社会的背景下，该书不仅分析了傩舞的社会功能与文化价值，还敏锐地指出了其面临的挑战。随着生活方式的变迁，传统艺术如何保持活力，如何在新时代找到自己的位置，成为了亟待解决的问题。作者通过对贵池傩舞现状的描述，引发我们思考非物质文化遗产保护与传承的紧迫性，以及如何在现代化进程中寻找传统文化的新生之路。

本书以一次学术之旅的结束,开启了文化传承与创新的新篇章。作者在书中提出的保护策略与未来展望,既是对过去的总结,也是对未来的期许。正如傩舞本身所体现的那样,真正的传承不是原封不动的复制,而是在尊重传统的基础上,注入新的生命力,使其在不同的时代背景下焕发出新的光彩。

该书的出版,无疑是对安徽贵池傩舞这一非物质文化遗产的一次重要贡献,它不仅丰富了我们对这一古老艺术形式的认识,更为非物质文化遗产的保护与传承提供了宝贵的参考与启示。愿《假面阴阳——安徽贵池傩舞的田野考察与研究》能够成为一座桥梁,连接过去与未来,激发更多人对传统文化的关注与热爱,共同守护这份属于全人类的宝贵财富。

漫步于历史长河之中,每一项非物质文化遗产都是一个时代的缩影,每一种艺术形式都是一个民族的精神符号。该书引领我们深入探索了安徽贵池傩舞的奥秘,让我们在领略其艺术魅力的同时,也感受到了文化的力量。愿这份力量能够跨越时空,激励后人,让我们的文化根脉在新时代中茁壮成长,绽放出更加灿烂的光芒。

——谨以此序,献给所有热爱文化、关注非物质文化遗产保护与传承的人们。

自 序

安徽贵池傩戏，是以驱疫祈吉为目的、以戴面具为搬演特征的请神敬祖的民间祭祀歌舞、戏曲活动，也是中国古代家族宗法社会族傩表演的一个活的遗留物，在中国傩学界具有代表性，被相关专家誉为"中国戏曲的活化石"；而长久以来，关于中国古代舞蹈的逻辑发生始终缺乏足够的研究成果。以往的傩学研究对贵池傩舞的考察、研究，虽然对中国舞蹈的发生认识具有良性"刺激"，但过多专注于傩的原始文化意蕴、宗教内涵与民俗仪礼，过密地关注傩戏的历史沿革、文化类别、戏剧因素和民间艺术，对于俯拾即是的傩舞现象缺乏应有的重视，更没有对占据重要地位又具备独立文化属性的傩舞进行完型研究。至于运用舞蹈文化人类学、舞蹈生态学等学科方法挖掘傩舞内涵，探究其文化功能、廓清其本质的相关研究成果鲜少。

鉴于此，本书首先立足于舞蹈文化人类学田野考察和舞蹈生态学的形态分析方法的实际运用，在对贵池地区的原生态傩舞进行全方位考察的基础上，着力于研究对象的文化播布、仪式构成和形态图式的完整性考辨，梳理了"贵池傩舞"作为一个独立的文化概念在其"文化圈"应用的分类与布局，发现了它在贵池"傩"环境中的特殊地位与价值；继而通过对一手材料的真切占有和文献、实物的整合研究，实施了对研究对象的发生学、民俗学和文化学解析，透视了贵池傩舞作为个案研究所拥有的文化普世性，尤其是原始而神秘的形态背后蕴涵的儒释道精神、为善趋吉的民间信仰、阴阳谐和的动作图式观念和完整谨严的文化构成。

其中理论支撑涉及文化人类学的诸多流派（如文化空间理论、符号人类学、结构主义人类学、解释人类学等）和舞蹈生态学的核心理论（形态分析、因子分解与特征提取、环境与核心物的关系等）。鉴于此，在某种程度上，本书为建构舞蹈文化人类学的中国学派做了基础性的尝试，同时也始终贯彻了舞蹈文化人类学的学科理念。

本书的立场是以"当下"为前提而决不在古代，并借以凸显傩舞研究视阈的当代性与现实价值。认识傩舞的初衷在于——放眼于古今环节中当代遗存的古意再生与理性观念的恒常属性，建构一个多层面的、本体和根性意识的、全息性与网络化的"傩"文化阐释体系，恢复傩舞应有的文化意义。而以此为契机，侧面探索中国舞蹈的文化发生，也是本书的奢望之一。

目 录

导　言　　　　　　　　　　　　　　　　　　　　　　001

第一章　"九刘十三姚"　　　　　　　　　　　　　017
　　——环境与种类的文化概述

　第一节　环境：自然与文化背景　　　　　　　　　017
　第二节　种类：同类舞目群　　　　　　　　　　　024
　第三节　分布："文化空间"　　　　　　　　　　　035

第二章　"社祭祀圈"　　　　　　　　　　　　　　043
　　——田野考察与傩舞构成

　第一节　仪式：核心物　　　　　　　　　　　　　046
　第二节　角色—面具：符号意义　　　　　　　　　071
　第三节　"年首""喊断"："人"与"意"　　　　087

第三章　"阴阳交合"　　　　　　　　　　　　　　092
　　——动作与图式

　第一节　形态分析　　　　　　　　　　　　　　　093

    第二节　舞蹈构图　　　　　　　　　　112

第四章　"人神共寓"　　　　　　　　　122
——贵池傩舞文化探究

    第一节　发生：意识的能动　　　　　　123
    第二节　信仰：民俗的根据　　　　　　140

结　语　　　　　　　　　　　　　　　147

导　言

不知从哪个确切的年代起，地球上出现了人的痕迹；亦不知从哪个确切的方位始，人类的行为里出现了驱凶纳吉、逐厉辟邪的内容。想必这是人的一种需求，尤其当人类的生理和心理都有了足以意识催生和思维萌芽的条件之后。

作为有意识和能够创造工具的人类，总企望用自己的能力去控制和解释世界，但生存状态的"原始"[1]与思维的朴拙，终于使人类相信有超自然的神秘力量存在，于是"巫术"应运而生了！人们由此期待利用某种超自然力来改造、控制客观世界，达成自身的愿望。

为了达成某种愿望，人们往往将情感和欲念寄托于一些他们认为具备沟通人神关系的特殊人员身上，因为这些人是某种祭神祀鬼仪轨的主持和运作者，而在漫漫的古代人类社会中，这种仪轨的普适性之强，超过一般，它标明了早期人类的精神状态。纵横查察，这类人员的行为方式大体囊括两类：一是以请神、酬神、祈神和送神为"核心物"的祭祀仪轨，多种祭礼方式，主持人多为内坛法师；二，则是由外坛师傅作装扮性搬演或呈献的祭仪，成分多为"舞"或"戏"。但真实情况下，内外的分野往往是被淡化了的。法师"作法"时，往往有"舞"或"戏"的环节相偕；搬演者则常常以"舞""戏"化祭仪，让祭仪具备了搬演的特征。当然，亦

---

[1] 自注：从文化学的角度看，"原始"只是一个相对的文化概念，并不等同于"古老""陈旧"或"传统""过去"等。

有更多处的祭祀活动，由法师统领，做人神交往、沟通阴阳之事，在多形式的穿插、交融中，构成祭祀活动的"整体"概念，从而形成集请神、酬神、祈神和送神架构、祭仪和舞、戏搬演于一身的特殊文化形态。这便是先秦典籍《周礼》提及的八种礼仪之首的"祭礼"的由来。傩，即是这诸多祭礼中的重要一支。

《论语·乡党》已有"乡人傩"的记载。到了汉代，宫廷每年举行"大傩"仪式，除了戴面具摹仿十二种神兽，舞蹈驱除鬼魅外，还有手执鼗鼓的侲子合唱礼神的歌曲。后世诸朝，傩文化承继了"傩礼（仪）—傩舞—傩戏"的系统变迁；进入当代，傩文化呈现多元形态，而傩舞的古朴性和当代遗存的稀有性，成就了它的文明认知地位。而现代考古学认定的"知遗而识古"原则，同样为文化挖掘与发现提供了依据。

贵池傩舞，具备了这样的文化品象。于是，便成了本书的研究对象。

钩沉贵池傩舞，必先观照"傩"之本义。

最早的"傩"字，源于原始社会的逐疫，甲骨文中即有室内驱赶疫鬼的卜辞。香港大学的饶宗颐教授在《殷上甲微作裼（傩）考》一文中就谈到："总结而言，傩肇於殷，本为殷礼，於宫室驱除疫气，其作始者实为上甲微，卜辞先公之亩，即是其人。"若此类说法成立，那么"傩"仪产生的年代，至少可以推到周代之前。但有关周以前的资料尚无足够发现，我们只能根据现有文字记载，推知先周的傩行为了。

《礼记》和《周礼》是我国记载"傩"文化最早的文献，其区别在于：《礼记》偏重记傩礼的功能，而《周礼》侧重记傩礼的结构。《礼记·月令》载："季春之月……命国傩，九门磔禳，以毕春气……仲秋之月……天子乃傩，以达秋气……季冬之月……有司大傩，旁磔，出土牛，以送寒气。"这里，不仅标明了傩礼的功能，而且指明了傩礼的规格和层次的不同，其依据，就是行仪者社会等级的差别。也就是，傩礼有"国傩""天子傩""大傩"的划分，"毕春气""达秋气""送寒气"分别是它们的功能。值得注意的是，各类傩礼中有一样东西是必须排遣的，就是那个

"气"。这个"气",究竟指的是什么呢?

《礼记》郑玄有注曰:"此难,难阴气也。阴气至此不止,害将及人,所以及人者阴气右行。此月之中,日行历昴,昴有大陵积尸之气,气佚则厉鬼随而出行,命方相氏帅百隶索室驱疫以逐之。"这告诉我们,与傩礼相关的"气"是"阴气",是一种可以化作"厉鬼"的"大陵积尸之气",通俗地说,就是弥漫于坟茔、荒冢的冤魂之气。当代学者经过研究后认为:"厉、傩两字一声之转。……郑玄总是以逐厉鬼的意义释傩,可见傩即祭厉神。"[1] 由此可推认,"祭厉神"是傩礼的主要功能。

然而,这样的解释,是否与我们前面已经提到的"傩"字本义——"驱逐疫鬼"相悖呢?其实不然。这里谈到的是傩礼的功能实质,而傩礼的结构,体现出的正是"傩"本义的内容。

据《周礼·夏官》记载:"方相氏掌蒙熊皮,黄金四目,玄衣朱裳,执戈扬盾,帅百隶而时傩,以索室驱疫。大丧,先柩,及墓,入圹,以戈击四隅,驱方良。"这段记载的正是傩礼的结构,同时也涉及了傩礼的功能——"索室驱疫"。当然,这段话的核心,是在全面叙述身为周王朝的命官——"方相氏"的职责,即:①"帅百隶而时傩,以索室驱疫";②"入圹,以戈击四隅,驱方良"。而无论是"索室驱疫",还是"驱方良",方相氏的职能恰与傩礼的功能有一致性,实际就是"祭厉神"的意思。

既然行傩礼的目的是祭厉神,那么"厉神"为何物?在古代,"神""鬼"是一物,"厉神"即是"厉鬼"。那何谓"厉"?《左传·昭公七年》记载:"鬼有所归,乃不为厉……匹夫匹妇强死,其魂魄犹能凭依于人,以为淫厉。"这表明,"厉"乃无所归之鬼,是可以依附于人的"强死鬼"。而这"强死鬼",又是哪路神仙呢?《论语·乡党》有:"乡人傩,孔子朝服立于阼阶。"《礼记·郊特牲》中也有类似意思的话:"乡人裼,孔子朝服立

---

[1] 参见丁山.中国古代宗教与神话考[M].上海:上海书店出版社,2011.

于阼阶，存室神也。"郑玄注："禓，强鬼也。谓时傩，索室驱疫逐强鬼也。禓，或为献，或为傩。"此处所谓"强鬼"，即《左传》所言之"强死"者。"强鬼"为"禓"，"强死"者为"厉"，而我们已知"禓"与"傩"指的是同一事物，也就证明了傩礼和祭厉神的同一性。由此观之，"祭厉神"也就是"傩"的本义。

既然如此，那么行傩礼为何又要"蒙熊皮"呢？由文献看，"厉鬼"所显之形主要是"黄熊"。《左传·昭公七年》载："梦黄熊入于寝门，其何厉鬼也？"《国语·晋语》也有类似记载。这说明，行傩礼索室驱疫的主要对象是"入于寝门"的"黄熊"。正是因为有了它，方相氏的"蒙熊皮"才有了特指性。而"蒙熊皮"，即是以"熊皮"为"蒙"，以厉鬼驱厉鬼，以恶制恶的原始交感巫术思维。郑玄注《周礼·夏官·方相氏》条曰："蒙，冒也。冒熊皮者以惊驱疫疠之鬼，如今魌头也。"孙诒让正义云："'如今魌头'也者……'俗说，亡人魂气飞扬，故作魌头以存之；言头体魌魌然盛大也……方相氏黄金四目，衣赭，稀世之颠貌，非生人也，但具像耳目。字又作倛。'荀子《非相篇》：'仲尼之状，面如蒙倛。'杨注云：'倛，方相也。'又引韩盖周时方相所蒙熊皮黄金四目为'皮倛'；汉'魌头'即周之'皮倛'。"这段话的关键意思，在于指出了"蒙熊皮"是以"熊皮"为"魌头"，而"魌头"就是我们所说的面具。

上述分析显现出的"傩"之本义表明，"傩"是一种头戴面具的方相氏率领狂夫、百隶所为的逐除仪式，他们执戈扬盾、跳舞呼号以驱逐不祥。在这个仪式中，"戴面具"是它不可或缺的标志。

如果说"傩"的本义是"驱逐疫鬼"，如果说"祭厉神"是傩礼的主要功能，如果说《周礼·夏官》记载的"方相氏掌蒙熊皮，黄金四目，玄衣朱裳，执戈扬盾，帅百隶而时傩，以索室驱疫。大丧，先柩，及墓，入圹，以戈击四隅，驱方良"是傩礼的结构，如果说这几方面综合构成了"傩文化"基本形态，从而形成了本书的前提的话，那么接下来的文字便是由此出发，向前一步的界说。

按照文化学者的研究，我们不难发现：最初的"傩文化"表现形式——"傩礼（仪）"中，已包含了以身体运动为手段实现礼仪目的的文化成分。头戴面具的"方相氏""执戈扬盾，帅百隶而时傩"、"以戈击四隅，驱方良"，无疑是身体文化的体现。随着时间的推延和傩礼形态的渐变，类似于今人所言的舞蹈方式开始占据一定的位置，分布于中华腹地、边疆区域的"撮泰吉""毛古斯""玛拐""虎舞""豹舞"等傩舞形态构造了傩文化的一道景观，并在很大程度上明昭着傩文化的发展状况。至于傩戏形成后，其中遗存的傩舞成分（如江西南丰、上饶等地的傩舞，贵州德江县傩堂戏和安徽贵池傩戏中舞蹈），以及当今犹在的寺院傩、"乡人傩"中的傩舞形态等，同样以独树一帜的傩舞家族成员面貌出现，并显现出其特有的傩文化生态项的意义。

以上勾勒的是傩舞在中国傩文化的纵向脉络中，在"傩礼（仪）—傩舞—傩戏"的系统变迁中所处的历史位置。而所谓傩舞，窃以为，应是以人体动作为主要手段的傩仪活动。就属性而言，它与其他的傩文化方式一样，须具备面具和驱疫逐厉的本体功能。但傩舞作为一个具备"独立品格"的文化因子，在整个傩文化系统和不同历史阶段中，却又发挥着不可替代的"独立"作用，否则，它便不可能以一种既不等同于傩仪又有别于傩戏的特殊"身份"存在。当下，"傩文化"研究在中国乃至世界正方兴未艾地展开，思维理念层出不穷且多种多样，观点、成果蔚为大观。

以历史性、阶段性看，傩舞是傩仪的组成部分，是傩仪的核心表现形式之一。自古及今，无论是方相氏、十二童子、十二神兽，还是开山、土地、傩公、傩母、雷神、豹神、虎神，其基本表现形态都属于傩舞范畴。而傩舞又是傩戏的初期形式，傩戏是以傩舞为前提产生的。中国戏曲的"以歌舞演故事"特性，在傩文化的发展线索里依然有完满的体现，其具体表现方式就是同样存在着一个"从舞到戏"的流变过程，而这个过程同样与中国传统文化形态的历史变迁形成了一个客观意义上的"同构"。这样的文化状况，必然导致文化形态上"独立品格"的出现，这便寓意了傩舞作为文化因子"另立门户"的必然。事实表明，傩舞在整个傩文化进程中，不仅仅以文化载体的身份出现，它的文化涵义与傩仪、傩戏等值，具有同样的认识意义。

因此，从文化学的角度独立挖掘傩舞的内涵，恢复其应有的文化意义，从系统的、科学的层面探究其文化功能，对傩舞文化本质的廓清有益，对"傩学"研究的兴旺有参考价值，对文化研究者学术视野的开发和思维方式的探索有启迪。

强化贵池傩舞的研究力度，对中国舞蹈的发生学研究是一个良性"刺激"。长久以来，关于中国古代舞蹈的逻辑发生始终缺乏足够的研究成果，这与研究者观念中学术方法的模糊有关。以往，我们过多注意了史学、社会学等普同性学科的思维结论，而对自身学科的逻辑起点的本体思考不够充分，虽有旁征博引，但缺乏令人信服的分析和解释，以至于留下"中国舞蹈史不是一部'信史'"的口碑！笔者认为，其中很重要的因素，一是缺乏对"活材料"（民间舞蹈文化和活体传承人）系统的认真把握和研究，二是缺乏对中国古舞文化具体而实证的起点的理性观照。本书试图在这方面做些须努力，以弥补研究之憾！

贵池民间素有"无傩不成村"的谚语。几乎清代以前居住于此的家族都有傩事活动。目前，流行在贵池东、南部的众多村落以及青阳县的陵阳、杜村等乡。它的活动，仅仅以家族或不同家族因地缘关系或姻亲关系而建立起的社祭祀圈为范围，反映出古老的农耕文化特色。贵池的逐疫活动也称作"傩"，当是沿袭了中原的古代傩文化传统。

贵池（又称"池州"）地处长江以南，古代为吴越和荆楚之地，属水稻作业区，所以，"贵池傩"又具有自己鲜明的地域文化特色，它是中原文化与越、楚文化长期交融的产物。傩在贵池流传的历史，不见史籍记载。明代《嘉靖贵池府志·风土篇》对贵池一带的傩事活动作了简单勾勒。记载的活动内容与今日对比，仍然基本相同。清人郎遂编纂的《杏花村志》记载贵池府治的四乡傩队八月十五日朝觐梁昭明太子萧统（贵池人奉为"土主")的活动最为详细。在清顺治以前，贵池每当秋季，要举行全境范围的朝觐"土主"活动体现着对土地春祈、秋报的农耕文化传统。傩戏是我国古老的稀有剧种之一。根植于贵池市刘街等地的傩戏称"贵池傩戏"，约起于明，盛于清，是一种戴面具，以宗族为演出单位的戏曲。无职业班社，仅在祭祀和敬神时演出。每年农历正月初七和十五，演出两夜，有的加初十、十三日，唱四夜。其演出形式大体分为三个层次：傩舞、正戏、"新年斋"。

从现存的仪式舞蹈、戏剧和音乐以及民俗活动各方面考究，贵池傩是长期文化积淀的产物。它既有着原始的自然崇拜的内涵，也受到儒、道、佛教文化的影响。在艺术方面，古代文化的层累面也很清晰地展现，如汉代的绂舞、罾舞，唐代的胡腾舞、西凉伎等；在戏剧方面，也可以看出变文、词话、傀儡、村俚歌谣及至宋杂剧、南戏对傩文化的影响。因此，贵池傩具有多学科的研究价值。清咸丰以后，由于多次战争影响，傩事活动在贵池逐渐式微，一些家族的傩戏失传，未失传者也由于中辍时间过长而呈现伎艺的退化。60年代后期，傩事活动曾一度匿迹。1982年以来，在一些村庄陆续恢复演出活动。

贵池傩戏剧目有两大类：一类是以舞蹈为主的小戏，用于娱神，如《舞伞》《魁星点斗》《舞回回》[1]《打赤鸟》《舞古老钱》等。另一类是本戏，共有五大本：《刘文龙赶考》、《孟姜女寻夫》、《打銮驾》(即《陈州放粮》)、《章文选赶考》(即《卖花记》)和《花关索》。

以往贵池傩研究的学术焦点多在傩戏的完成形态及其象征意义的探究方面，而对傩舞的形态分析和文化学研究罕见，本书的视点聚焦在傩舞的形态分析和涵义挖掘上，力图通过实证的铺陈和逻辑的力量，最大限度地"还原"贵池傩舞的文化本象和本性，以达到透过微观见出广大、透过细

---

[1] 《舞回回》是对外来乐舞的一种统称。贵池在地理位置上临近古都南京，又有长江的通航便利，因此也受到历史上几次人口大迁徙带来的政治、经济、文化影响，从而有了这些少数民族文化的异地遗存。本书中"回回""回子"的称呼无消极含义，均是历史上当地人对伊斯兰教徒的习俗称呼。

节以窥全貌的"证据确凿"的规律性阐发。

近年来,文化人类学大举漫润人文、社科领域,结构众多交叉学科,营造海量的研究信息,催生众多的新鲜方法论,其学科拓展的方兴未艾之势,不可阻挡。舞蹈文化人类学和舞蹈生态学的学科观点和方法论,是本书的理论皈依。

舞蹈文化人类学在西方的正式确立,大约源自美国的阿妮娅·彼得森·罗伊斯,他的学术著作《舞蹈人类学》揭启了独立的舞蹈人类学或曰舞蹈文化人类学的帷幕。[1]这是20世纪70年代发生的事,而在此之前,真正的普通人类学家将研究目光扫射到舞蹈——这一综合的文化事象上,却已有了130多年的历史。在中国,自从费孝通、林耀华等一批先贤将人类学的学科方法引入中国,多元一体的文化格局逐渐在中国的社会科学与人文科学领域形成;交叉与边缘学科的方兴未艾,传统与现代学术观念的此起彼伏或兼容并包,日益构成当代中国的学术潮流。尤其是进入20世纪80年代以来,东西方学术思潮的汹涌撞击,文化学、人类学、民族学、民俗学等多学科对传统人文学科的渗透、互动、胶合乃至重新生成,都极大地拓展了人文乃至艺术学科的科学性步伐。以音乐学科为例,传统音乐学与人类学、民族学相契,构建了民族音乐学或称音乐文化人类学的学科思维,并随着学者日众和成果的日渐丰富,逐步形成了独立而系统的学科样式。影视研究也在人类学的视野中发挥了得天独厚的作用,它以强劲有力的记录功能和细致入微的考察能力,独辟蹊径地挖掘出最具人类心灵感召力的研究方法——影视人类学,极大地丰富了原有的学科视阈。据不完全统计,几乎所有的人文学科都在寻求与人类学、民族学、民俗学等的"异质同构",更多的学科都在谋求与它们的嫁接、融合乃至化合,形成一种更具学术冲击力的"新质"。然而,令人匪夷所思的是,在中国,舞蹈文化人类学至今未能形成一个完整的学科形态,这便直接导致了符合这种学

---

[1] 阿妮娅·彼得森·罗伊斯,舞蹈人类学[M]布鲁姆顿/伦敦:印第安纳大学出版社,1977年,转引自欧建平.舞蹈人类学引论[J]解放军艺术学院学报:2005年(04)21.

科方法论的考察报告凤毛麟角，学科性建设和理论性表述的捉襟见肘，更不消说研究的规模化、系统化和成果的规范化、学科的上档次了！

在中国，民间舞蹈历史悠久，文化形态与内涵繁复而厚重，非其他任何一个民族所能比拟。从某种意义上说，民间舞蹈是一个民族文化方式的集中反映，是其思维方式的总和呈现。在长期的创造、传承和演变过程中，中国民间舞蹈逐渐形成了自身的文化结构。若以文化人类学或民俗学的视角观之，文化层次分析是准确勾勒和完整揭示中国民间舞文化全貌和特质的上佳方法之一。这意味着，需要建立中国的"舞蹈文化人类学"流派或体系，在民间舞蹈乃至更加宽广的舞蹈研究领域形成自己的"话语权"，以便实现更加真实、可信、有效的民间舞蹈研究理论和科学的研究成果。

依文化人类学的立场，文化的产生、发展、演化是一定的时间和空间的产物，这种历时态和共时态的双向坐标构成文化衍生的基本结构。民间舞蹈的时间性，展示了民间舞蹈发生、发展的过程，可视为"时间文化层"，即其历史层面。从这一层面来分析民间舞蹈的形态，可分解为"原生形态"和"变异形态"（或曰"次生形态"）两种形式。两种形态的生成具有一定的条件和背景，主要是自然生态环境、社会历史背景、民间舞蹈群体的民族心理和审美心理的综合互动作用；两种形态的变异，不是简单的更迭，而是累积和融合的结果，表现为原生形态舞蹈的基本节奏、步伐、动律和体态的基因、功能和文化涵义的有选择的保存和新形态的重新整合。民间舞蹈的空间性，即其文化的横断面，展示的是民间舞蹈的结构、搬演环境、表现形式和程式，可称之为"空间文化层"。从空间文化层来分析民间舞蹈的结构，又可分解为"表层结构"和"深层结构"。表层结构指的是民间舞蹈表演中可见的物质性、动态性等的符号，符号象征物具有指称、意味和记忆等功能。深层结构指的是民间舞蹈主体即特定民族群体的宗教观念、民俗信仰、民族心理和审美情趣等无形的意识形态，体现了该群体独特的宗教观、价值观和生命观。事实上，舞蹈文化人类学的基本立场大都包含在上述表述之中了,以此为理论基础的研究将具备学术前瞻性。本书将采用文化人类学的基本研究方法,并试图将其"对接"成为舞蹈文化人类学的基础性研究方法。这些方法包括实地参与观察法、全面考察法和比较法等。

实地参与观察法:这是文化人类学最有特色的研究法。文化人类学家特别注重通过直接的观察,收集第一手证据。学者深入到民族中间,通过参与他们的活动、与他们交谈和观察他们的活动来了解其社会、文化和舞蹈行为。实地参与观察法是人类学的基本研究方法,它是一种观察法,其资料来自现实的广阔天地。这种研究法,使得文化人类学者可以既作为参与者又作为观察者深入到一种文化的内部,去观察这种文化和使用这种文化。实地观察可以使人类学者把目光集中在对其文化有意义的行为模式上,从中寻找那些有规律的行为特征的先后次序,注意其在不同情况下的变化。

全面考察法:采用这种方法,人们在选择研究一种人类舞蹈行为时,必须全面考察与之相关联的问题。这样,一位研究某地区舞蹈文化发展的人类学者就会发现,要想对这一地区舞蹈变迁过程进行全面的描述,就必须探讨礼仪的始末以及家庭关系的问题。

比较法:比较法在文化人类学的研究中无时无刻不在使用。例如,当一位舞蹈文化人类学者在安徽贵池荡里姚村研究傩仪的文化涵义时,首先必须研究该村的社会结构,了解村民是怎样自己组织起来的,然后通过对比村落里各个不同的群体,来确认他们之间的异同。比较法可以运用在所有层面和不同水准的分析当中。

舞蹈生态学是本书使用的另一主要方法。本书涉及的贵池傩舞本体的形态分析,将采用舞蹈生态学的学术方法做纵向梳理和横向研究,以期实现对研究对象的全局性、科学性把握。纵向以时序为坐标,关注核心物(舞蹈)与环境的相互作用与变迁,注重动态因子的考察;横向从文化因子入手,运用典型舞畴分析法——形态特征的提取——把握贵池傩舞的文化特质。

我的导师冯双白先生曾给予这样的提示,"关于舞蹈生态学的研究方法,其要点可以简言概括为:(1)确立舞蹈是一个可界定的多层次、可操作的人类文化行为;(2)在动作形态分析基础上进行研究;(3)从舞蹈与生态学环境特别是社会生态环境的关系中分析、研究和界定舞蹈活动的本质特征;(4)观察和记录舞蹈动作形态时高度注意动作中心现象;(5)注意舞蹈动作可测查又不可机械地、完全线性的记录,而是给予多层次的、网状化的分析"[1]。

舞蹈生态学首先将舞蹈视为一种在一定的自然与社会文化环境中存在的人类有目的的行为,考察和分析文化差异的人文原因则构成了它的研究范围和旨趣。其次,舞蹈生态学是一种具有"原创"意义的、中国人发明的舞蹈本体理论,是学科方法论上的创举!具体特征有:第一,"舞蹈生态学研究方法的基点是把落脚点放在可操作、观测的经验事实上。当然,这并非排斥任何逻辑构想或合理假说的提出,但是结论只能在实证性考察之后才能确立,假说的肯定或否定,都将是有意义的成果"。第二,"考察核心物与环境的关系时,对于核心物与环境都必须分析出可直接观测的因子。分解出的因子是否相互独立?其总和是否可概括总体效应?都必须一个个予以检验、解决。既要承认事物的可分解性,又要注重反映本质的综合分析。这一实验过程,将从局部开始,向纵深展开"。第三,"研究环境与舞蹈的具体的某种相互关系时,要分清相互作用的结合都是在哪个层次、哪个侧面上;不能不加分析地将不同层次、不同侧面的现象笼统地进行类比"。第四,"在总结概括观测到的经验事实或验证某种假说时,要力避含混笼统地泛泛描述,而应根据研究对象的特点,灵活运用科学方法进行定量(qualification)、定型(typing)、定序(ordination)的描述和解释"。第五,"舞蹈自身及其与环境关系的复杂性,要求我们在研究中必须注意

---

[1] 冯双白,青海藏传佛教寺院羌姆舞蹈和民间祭礼舞蹈研究[D].中国艺术研究院,2003.

精确性与模糊相依伴,因果律与或然律交叉的思维方式"[1]。再次,舞蹈生态学将舞蹈区分为核心物和生态环境因子两部分,把舞蹈置于社会性中研究其形体动作,在社会艺术活动的范畴比较舞蹈与其他艺术之关系,认为只有如此,才有可能认识舞蹈这一核心物。我认为,舞蹈生态学的这种界定恰恰印证了"舞蹈是一种文化"的本质属性,[2]只有这样,才能最大限度地赋予舞蹈以思维空间,让真实的本体回归到舞蹈身上。也只有这样,才能廓清舞蹈与非舞蹈的差别,让舞蹈形态具备科学分析的可能性,从而提炼出本体性的理论表述,以准确地去判断这个核心物,构建一种"中观"的分析方法。

理论方法的意义,往往在于指明解决问题的视角和方位,而非让人照本宣科般地模仿或复制,它只是标注出"举一反三"的机能,提示人们能动地反映对象,否则势必会陷入方法论的误区。事实上,任何研究方法不啻是某种学术理念的直接呈现方式,方法的准确率取决于接近研究对象本真的实际距离和效用,但无论何种方法,最终如弗雷泽在其巨著《金枝》中所言的,"我确信,一切理论都是暂时的,惟有事实的总汇才具有永久的价值,因此,在我的种种理论由于丧失了用处,而和那些习俗及信仰一样承受废止的命运的时候,我的书,作为一部古代习俗和信仰的集录,会依然保留其效益"[3]。这,与我们极大的启示。

关于安徽贵池的傩文化研究,已有为数众多的成果存在,涉及领域与学科范围亦相当广泛,学者甚众。其中,最具学术深度的莫过于安徽大学教授、文化学者王兆乾先生。现当代关于安徽傩文化研究最早的一篇论文《谈傩戏》即出自他手,这也是新中国历史上第一篇专题论述傩戏的文章。此后,他著述颇丰,先后有《贵池傩傩面具》《贵池傩社祭祀圈》《贵池傩

---

1 资华筠等.舞蹈生态学导论[M].北京:文化艺术出版社,1991:12—13.
2 自注:关于"舞蹈"的概念,笔者的研究生讲义中有一个基本定义,即"广义者,舞蹈是一种人体动作的文化;狭义者,舞蹈是一种人体动作的艺术。舞蹈是人体动作在时间、空间和力量'三位一体'的状态下,对生命经验的一种体现过程"。此说为"一家之言"。
3 [英]弗雷泽.金枝[M].北京:中国民间文艺出版社,1987:20.

舞古老钱》《活化石贵池傩》等30余篇论文和《安徽省贵池市刘街乡曹金柯三姓家族的傩戏》（与王秋贵合作）、《安徽省贵池市刘街乡太和章村的傩神会》、《安徽省贵池市茅坦乡山湖村的"踩马"》、《安徽省贵池傩戏剧本选》[1]、《在假面背后》（与何根海合著）、《安徽贵池傩戏》（与德国Brandl教授合作，三卷本，德国Edition Re出版社2002版）等专著。他注重对安徽傩文化的整体研究，从宏观和微观层面全面揭示贵池傩戏、傩舞的人类学和文化学内涵，也是学界对安徽贵池傩文化研究的"第一人"。

另一位必须提及的研究者是吕光群先生，他曾做过贵池文联主席。他以摄影和文字的双重记录方式，对贵池傩文化做了全景式的整理，并以第一手材料为据形成论著。他的《贵池傩戏调查报告》《贵池傩面具的特征及其象征意义》《安徽贵池傩戏》《远古遗响——湘滇藏少数民族的生殖崇拜》等论文和《贵池傩文化艺术》专著，内涵深邃，为研究文化人类学、民俗学、原始文化提供了大量佐证。

当然，此问题的新锐研究家当属贵池地区师专的校长何根海先生，仅从下表便可见其成果之一斑：

表1-1 何根海研究项目及成果一览表

序号	成果名称	作者姓名	刊物或出版社名称	年月或期数
1	在假面的背后：安徽贵池傩文化研究	何根海	安徽大学出版社	2000年
2	绳化母题的文化解析和衍绎	何根海	《中国文化研究》	1998年第1期
3	七夕风俗的文化破译	何根海	《民间文学论坛》	1998年第4期
4	贵池傩戏：一种源自田野的学术话题	何根海	《学术界》	1998年第4期
5	拔河游戏的文化破译	何根海	《民间文学论坛》	1998年第1期
6	七夕：两种生产的文化传真	何根海	台湾《历史》	1998年第8期
7	安徽贵池目连戏的文化考察	何根海	《安徽教育学院学报》	1999年第1期

---

[1] 均由台湾施合郑文化基金会出版。

续表

序号	成果名称	作者姓名	刊物或出版社名称	年月或期数
8	"初七及下九，嬉戏莫相忘"的文化读释	何根海	台湾《鹅湖月刊》	1999年第12期
9	傩舞《打赤鸟》：楚人逐禳祈春的祭仪	何根海	《北京师大学报》	1999年专刊
10	月亮神话与中秋拜月的原始意涵	何根海	台湾《历史》	1999年第9期
11	龙的初始原型为河川说	何根海	《中国文化研究》	1999年第2期
12	大禹治水与龙蛇神话	何根海	台湾《历史》	2000年第9期
13	嫦娥奔月的新诠释	何根海	《东方丛刊》	2000年第4期
14	中秋节俗的文化解绎	何根海	香港《东方文化》	2000年第2期
15	龙舟竞渡的起源探析	何根海	《成都体育学院学报》	2000年第6期
16	女娲引绳为人之谜的文化破解	何根海	《民俗研究》	2000年第4期
17	杜荀鹤仕进与引退的心理解析	何根海	《安徽教育学院学报》	2001年第2期
18	安徽贵池傩文化研究的整体审思	何根海	《贵池师专学报》	2001年第4期
19	傩舞《打赤鸟》：一个原型事物的文化解绎	何根海	台湾《民俗曲艺》	2001年第8期
20	龙舟竞渡的新解读	何根海	台湾《历史月刊》	2001年第6期

其他研究或成果，或从宏观傩学立场阐释（如薛若琳《傩文化的萌生及贵池傩》、曲六乙《贵池傩的基本形态与特点》等），或侧重某个方面或针对个别细节加以探讨，但规模化、系统性及成果水平均未达到与上述结论相抗衡的境地。

作为一个动态的带有文化遗产性质的研究课题，贵池傩舞的学术发掘面临大量的基础性工作，当务之急就是需要一个完整、准确的纵向梳理过程和富于创造性的理性界定。

总体观之，"傩文化"或"傩仪""傩戏"的大背景，是这些研究成果的共同前提，但对傩舞的专门化研究基本处于弱势，没有得到必要的重视。上述诸成果，归纳起来大体实现了如下的学术预期：

1.历史学研究。侧重对对象的史实和纵向过程的发掘和梳理，注重事件和人物的记载，其研究有时极为详尽和具体，偏重特殊性的研究，强调史料和文献。

2. 起源学研究。侧重对对象起源的考察与探讨，对其发生、发展的政治、经济、文化、宗教、心理和社会诸因素进行分析，从人类文明的物质和精神层面把握对象的生成依据。

3. 人类学研究。侧重功能分析、文化释义与符号研究，关注每一个文化行为，并从民族整体的精神性质和特征出发加以综合性的观照，初步实现了对对象的文化学或人类学把握。

但对贵池傩文化的艺术学的本体分析还有很大空间可以填补；同时，对它的文化人类学研究，尤其是具体学科的文化人类学探索（如舞蹈文化人类学）还未显出端倪。因此，本书试图在过往研究的基础上寻得些新鲜成果。从某种意义上说，本书带有开拓一个学科的"先声"作用，但又不是纯粹意义上的新学科"宣言"。从学术方法论意义看，本书的追求企望达到以下层面：

1. **舞蹈文化人类学初探**。之所以名为"舞蹈文化人类学"，旨在划分出与一般人类学的界域，专事研究对象的文化意义探索，而将与起源相关的内容交予发生学系做片段分析；其次，采用文化人类学的田野考察方法对研究对象进行细腻观察、全景扫描和深入的实证分析，突出方法论的综合性穿透力和学术价值。

2. **本体研究**。以文化学的眼光还原对象的舞蹈学研究意义，从本体思维出发揭示其形态构成和相关的文化旨向、象征意义及功能价值，这是文化人类学关注的核心内容，也是本书学术创新的一个重要支点。

3. **形态分析**。本书开创性地运用舞蹈生态学的典型舞畴分析法——形态特征的提取——对贵池傩舞进行形态分析，提取其外部形态特征，概括其自身动态规律，总结出其文化涵义。

4. **田野考察**。舞蹈文化人类学高度重视科学的田野考察方法，这也是笔者谋求本研究成型的核心工作。采取"主位观"与"客位观"交替使用的方法，做实地调研，密切接触考察对象，对于本书的完成，至关重要。

从 2005 年起，笔者所作的田野考察经历了以下过程：

第一次，2005 年正月初七至正月十五（2 月 15 日—2 月 23 日）

到达贵池地区刘街乡长垄桂村，茅坦乡老屋唐村、新屋唐村考察贵池傩舞状况。现场记录《踩马》、目连戏演出情况，采访年首唐茂华、艺人和村民等若干，了解傩事基本含义，录制全部舞蹈过程。

第二次，2006 年正月初二至正月十五（1 月 30 日—2 月 12 日）

赴贵池刘街乡缟溪金、缟溪曹、徐村柯等村，姚姓的荡里姚村考察傩舞。现场观察曹、金、柯三家傩祭及《打赤鸟》《舞伞》《舞古老钱》等傩舞，并全程考察荡里姚村傩仪表演，采访会首吴国胜及姚姓执事若干，了解傩仪含义和规矩、规模和功能，录制全部过程。

整个田野考察过程，涉及贵池地区有傩事活动的乡村十余个，拍摄了电视资料片 10 小时，照片 1000 余张，录音 400 分钟，考察笔记 2 万字。这些工作为本书的实证研究提供了扎实基础。

第一章
"九刘十三姚"
——环境与种类的文化概述

第一节　环境：自然与文化背景

一、因子

1. 研究对象——安徽贵池的自然地理

贵池位于安徽省西南部，东毗金陵，西眺匡庐，南临黄山，北望安庆，地处东经117°06′至117°50′、北纬30°15′至30°48′之间。总面积2 516.17平方千米，占安徽全境面积的1.8%。贵池市东部为山区，属九华山脉，最高峰老山，海拔1 156米。中部为丘陵区，海拔在50—200米之间。北部沿江一带为洲圩区，地势平坦、低洼，为长江冲积平原。区内有黄湓河、秋浦河、白洋河、九华河、青通河等水系，分别注入长江。流域面积144.43平方千米。所以贵池有"七山二水一分田"之称。

贵池地处中纬度地带，属北亚热带季风气候区，光照充足，气候温和，四季分明，雨量充沛，无霜期长。年平均气温在16℃左右，适宜于水稻作物生长，自古便被誉为"鱼米之乡"。从其总体文化看，是个水稻文化区。

据贵池县农业规划办公室1983年普查资料，全市共有居民105 714户，人口529 831人。其中农业人口469 258人，占总人口的88.66%。可见，贵池是个典型的农业地区。贵池境内共有耕地469 846亩，仅占总面积的12.48%。其中，水田占耕地面积的71.43%，约为335 601亩；旱地占28.57%，约为134 245亩；此外，山地面积占总面积的65.16%，共2 453 786亩，其中林地占37%，薪炭林占20.96%，灌木林占5.86%，荒山占35.93%。水域占总面积的10.03%，约为377 800亩。辖贵池一区和东至、石台、青阳三县以及九华山景区。[1]

2. 文化地理

古城贵池，历史悠久，曾以石城、秋浦为名，别名油阳，亦称池州。据1993年编撰的《贵池县志》第二册记载，公元前110年的西汉元封元年，此地已建立石城县，县治在今灌口乡石城村，距现市区约35千米。隋开皇十九年（599）改名秋浦，公元927年（五代十国时）改名贵池，并将县城迁于临江的池阳，即现在贵池市所在地。1964年以前，城东南有二湖，古称"大池"。按古代的阴阳观念，山南为阳，水北也为阳，池州建城于大池之北，所以旧时又名池阳。公元621年，即唐武德四年，划秋浦、南陵二县地域建立池州，以后历代州治时有更动。1949年中华人民共和国成立，贵池属皖南行署池州专区，辖贵池、至德、青阳、铜陵、东流、石台六县。1952年皖南、皖北合并，恢复安徽省建制，池州归安庆市管辖。1985年，池州再度恢复池州建制，辖贵池、东至、石台、青阳四县，并改贵池县为市。[2]

夏、商、周时，贵池属扬州之域，春秋、战国时隶属吴、楚，秦时为鄣郡，汉时归丹阳郡，隋朝归宣城郡。自唐武德四年（621）设州置府以来，贵池作为州府所在地，距今已有1 400余年的历史。早在商周时代，此地域便创造了辉煌的青铜文化。近来，在原贵池一带（包括今铜陵、南

1　何根海，王兆乾.在假面的背后：安徽贵池傩文化研究［M］.合肥：安徽大学出版社，2000：3.
2　何根海，王兆乾.在假面的背后：安徽贵池傩文化研究［M］.合肥：安徽大学出版社，2000：4.

陵、当涂等地）多处出土和发现商代、西周、东周时代的青铜器窖藏、铜锭、铜范和古采矿场遗址，证明早在先秦时代，这一带便已掌握硫化铜炼铜技术，此乃中国冶金史之恢宏一页。汉至两宋，贵池一带便是铸币重地，经济地位举足轻重。《史记·吴王濞传》及《汉书·食货志》均记载刘邦的侄子吴王濞盘据江南，"即山铸钱，富埒天子"。大约到东晋，随着政治中心的南移，贵池经济地位日益显著，当时，距贵池22千米多的梅根（又称梅埂）处，建立了掌管冶铸的梅根冶。《元和郡县图志》记载，唐代"梅根监并宛陵监每岁共铸钱五万贯"。宋代至道二年，贵池新设铸钱监，名永丰监。据《贵池县志》引宋史资料，岁铸钱二三十万贯。至今，贵池、铜陵一带仍是华东著名的产铜基地，已经有了近三千年的铜冶炼史。青铜文化是中华文明的重要标志，贵池一带的冶铜史，让我们有理由相信，长江流域是中华民族文明的源头之一。吴越文化、荆楚文化和中原文化汇聚于此，形成了丰厚、璀璨的地域文明——"贵池文化圈"。李白、杜牧、苏轼、包拯都与此地渊源甚深。

贵池在南北朝时便是佛教十分流行的地方。著名的佛教盛地九华山，是中国佛教四大名山之一，也是地藏王菩萨的道场，于东晋隆安五年（401），由天竺僧人杯渡禅师所开辟。至北宋初，又有古新罗国王族金乔觉来此修行，坐化于此山，传说为地藏王菩萨转世，从此香火日盛。贵池扼据长江口岸，是上下江香客去九华必经之地。唐宋以降，贵池常有文人驻足，留下许多著名诗篇。南宋时，南戏崛起于江南。由于贵池当时经济和军事地位都十分重要，早期的宋杂剧和南戏曾在这里流行。明人徐渭《南词叙录》记载，源于浙江的余姚腔至迟在明代嘉靖初便已在贵池、太平一带传播，至明万历间，在贵池青阳一带又崛起了一支戏曲劲旅——青阳腔（又名贵池调）。它综合了南戏系统的余姚、弋阳诸腔之长，并吸收说唱艺术的营养，发展了滚唱。这是戏曲文学和戏曲音乐的一次大革新，推动了戏曲艺术的大普及。青阳腔当时被誉为"南北时尚""徽池雅调"，影响遍及各省。由于受巫文化和佛教、道教文化的多层面影响，贵池也是目连戏的盛地。明代万历间，祁门人郑之珍在贵池之剡溪，据前人之本，编写了《劝善记》三卷，并在万历十年（1582）左右"敷之声歌"（《郑序》）。这个戏深深扎根于民间信仰和民俗的沃壤之中，在青阳腔和弋阳腔的载播之下，足迹遍及各地。[1]

吴、楚文明的滋润，儒释道的养育，戏曲、民俗的陶冶，构架了"贵池文化"的大环境，"多元一体"的宏观格局，也为贵池傩文化的生成与发扬，提供了前提。

二、运行

贵池多山，有"七山二水一分田"的说法。由于耕地不多，历来鲜见大地主。正如《史记》所说："江淮之间，无冻饿之人，亦无千金之家。"[2] 1950年土地改革前，土地山林多集中于宗族，有百余亩土地的个人，已属地主中之大户。明、清两代，章、杜、李、姜四大姓为贵池望族，民间有顺口溜："一是源头李[3]，二是渚湖姜[4]，三是茅坦杜，四是元四章[5]。"这些家族或居官退隐，爱贵池山水秀丽，举家迁来；或经商、居官在外，归田后，以其所得，购置土地，成为田产较多的家族。例如源头李（今已划归石台县），明代曾出过一位李部正，死后葬于本乡。其家宅所遗留之巨大的石碑和石人、石马，方圆数百里罕见，足见李姓当时在贵池社会地位之一斑。宗法社会视光宗耀祖、子孙绵延为至孝，以五世同堂、坚守祖业为楷模，提倡子孙聚居一堂，共同耕种祖先所遗留的土地。为管理合族或支系所共有的族田，大家族往往建立起集族权与神权于一体的机构，称为

---

1 王兆乾.贵池傩文化艺术·序[M].合肥：安徽美术出版社，1999：2.
2 司马迁.史记·货殖列传：卷一二九[M].长沙：岳麓书社，1983：936.
3 源头李，原属贵池詹（坡）大（演）区，现已划归石台县，据县志，源头李姓之傩事，每年初春由相邻之祁门和黟县人前来承应。由此判断，当时李姓或有族田坐落于祁门和黟县。
4 渚湖姜在贵池观前乡，过去有傩事活动，演《姜太公钓鱼》，宣扬祖先之显赫。
5 元四，旧地名，因地处开元乡元四保，故名。今归解放乡。章姓明代所建章氏宗祠（实为支祠，称后祠堂）耗资巨大，其木柱皆一人不能合抱之银杏，柱础石雕极为精致。为贵池祠堂之最大者。此祠堂二十世纪六十年代被拆毁。

"公堂",推举办事公正、有威望的长辈轮流主事。公堂的田地、山林又有用途上的分工,"祠公"专用于祭祖,"目连公"专用于十年一届的目连斋醮,"桥路公"专用于本家族修缮道路和桥梁,"傩公"则为各支系公堂傩事活动使用等等,各堂分别为家族祭祀和公益事业提供费用。族田,全部租赁给本族子弟耕种。远处耕地,肥沃者迁本族支系就近耕种,建立新村;土质贫瘠或不利于水利又难迁居者,则建立"庄屋"[1],租给外姓就近耕种。家族中人如果读书、经商有了进取,也可以购买族外土地,归其本人,宗族不加干预。为了使子孙耕者有其田,家族规定田产由子孙共同管理,共同耕种,不许个人变卖。地主死后,其产业即归入本系子孙的"公堂"。创业之人,便被子孙尊为本支系的一世祖,每年各户祭祖时受到特别尊崇[2]。因此,一个古老宗族的各个支系,所拥有土地的数量不一,贫富也有殊异[3]。宗族的成员,较多安于在祖田上耕作,成为租赁公堂田地的佃农。比起个体农民来,耕种族田可以享受公堂的优惠,在天灾人祸时,有较多的保障。所以贵池县除沿江一带人口流动率较高外,多为聚族而居的村落。过去,很多家族都有外姓不得入赘、不得承祧的族规。就是恐怕血缘关系混杂,土地之大权旁落[4]。地理走势、土地状况以及由此而形成的宗法社会关系、家族文化的人文秉性,客观上培植了贵池傩的衍生土壤。

古池州为吴、楚之地,其人好巫崇祀,惯以歌舞事神,这也是此地巫傩信仰能够保存久远的依据之一。

---

1 庄屋,宗族较远的土地,建立房屋供佃户租赁居住。如,姚姓南边一支,原居虾湖南边,但同一公堂有一小村,名"庄屋里",远隔四十华里,为管理远处耕地所建。清雍正前,贵池大的宗族还有世代继承的佃仆,也都居于庄屋。如缟溪曹清乾隆《曹氏宗谱》记载:"至于服役人等凡二十二姓,今犹不敢揹见,仍行庭参礼。"

2 太和章的《章氏宗谱》毁于"文化大革命",但各支系皆保留有支系手写支系谱,可见对支系之重视。另,南山刘村腊月二十四日接祖,各户皆张支系祖宗画像或支系谱表。

3 元四章村有两座祠堂,一称前祠堂,一称后祠堂。分属章姓两个支系,皆为明代修建。后祠堂宏伟精美,堪为贵池一绝(后被拆毁),而前祠堂却逊色得多。说明,同一宗族,同住一村,贫富相距甚远。据族人介绍,前祠堂一支,每年祭祖时都张贴祖宗"影神"(画像),绘一妇人中坐,两行珠泪,旁坐一男一女,男穿官衣,女穿霞帔。中坐妇人自幼哺育襁褓中的弟弟,使其成材,误了自己的青春,终生未嫁。并用罗裙兜石,盖起祠堂。后人感戴其恩德,祭祖时张贴描绘弟弟结婚情景的三人画像。

4 王兆乾.安徽贵池的社祭祀圈[J].池州师专学报,1997,4:55.

贵池傩戏，亦称池州傩戏，别称"嚎啕神戏"等。"嚎啕戏"的名称，不见典章史籍记载，他地傩戏亦似乎无此名称。"嚎啕"，一般理解为"大哭"，也可作"高歌"解，写作"眺"。民间有一种"歌哭"风俗，即无论婚丧嫁娶，必用善哭者依礼俗而歌哭，声调抑扬有致，歌词随机应变，并且有"越哭越发"的"吉祥"说词。这种歌哭源于女巫通鬼神的巫术语言，所以《周礼·春官·宗伯·女巫》说："凡邦之大灾，（女巫）歌哭而请（神）。"《淮南子·缪称训》称："歌哭，众人之所能为也，一发声，入人耳，感人心，情之至者也。"《孟子·告子》载："华周、杞梁之妻善哭其夫而变国俗。"华周与杞梁是春秋时代莒国（今山东省莒县）猛将，在战争中阵亡。杞梁之妻为了使丈夫得到应有的礼葬，而嚎啕痛哭。这一故事在民间流传了一两千年，最后竟演变成孟姜女哭倒长城的长篇说唱和戏剧。古人深信，歌哭能声达于神灵或亡灵之前，使他们感动而降临，怜恤凡尘。孟姜女的善哭，甚至能产生使长城崩坏的感天动地的力量。可见，嚎啕歌哭的习俗在民间已延续了几千年。也许正因为贵池傩戏有普遍演出孟姜女故事并视这种演出为降神，所以才称其演出为"嚎啕神戏"。

迄今为止，关于贵池傩的最早记载见于唐代，文字记录了有关南北朝梁昭明太子的祭祀活动。晚唐诗人罗隐《文孝庙》诗云"秋浦昭明庙，乾坤一白眉，神通高学识，天下鬼神师"；对"昭明会"事，唐时的《贵池昭明会记》亦有详载，"池故事八月十五日为梁昭明千秋……是日，诸家扮会迎神者，可扮为关壮缪、为城隍、为七圣二郎、为玄坛。其扮也，则各骑乘，奉面具……"此时的贵池傩以祭祀逐除为主要功能，有"春祈秋报"的两次祭礼，形式以傩仪、傩舞为主。至明代，傩祭增添了戏剧情节、表演程式、角色行当和舞台砌末，形式日益向傩戏发展。明嘉靖（1522—1566）的《贵池府志》"时序·逐疫"条记载"凡乡落自正月十三至十六日夜，同社者轮迎社神于家，或踩竹马，或肖狮象，或滚球灯，妆神像，扮杂戏，震以锣鼓，和以喧号，群饮毕，返社神于庙"。清以降，"傩戏"称谓已见文字，贵池元四章村村民章根富所藏之清光绪甲申年（1884）重镌的《梨村章氏宗谱·风土篇》便有了"新年蛋茶相馈，开筵请亲邻，作傩戏……"的记载。此时，贵池傩戏分布广泛，但相对集中于各个村寨，春秋两祭，规模浩大，呈现一派"无傩不成村"的景象。尤其一年一度的"青山庙会"，更是演绎出贵池傩事活动的高潮。光绪三年（1877）重修的《姚氏宗谱》"信仰篇·傩戏"载，"演时，铳爆鼓乐，喧阗达旦。而元宵凌晨，更以卤簿导神至青山庙文孝祠，俗谓之'朝庙'……耆老言，古时朝庙，仪仗外，有秋千、抬阁、高跷诸胜。又选俊童十余，著梨园服，扮故事，立人肩窝上，名曰'站肩'，其壮丽繁华与江浙等省赛会无异……"

元末，贵池成为红巾军作战之"主场"，战乱频仍；太平天国时，贵池又成为太平军与清军频繁"拉锯"的必争之地。加之瘟疫、洪涝不断，百姓不得已四处流离，宗祠被毁，面具被焚，贵池各村傩事活动近废。曾国藩曾在家书中写道"宁（国）池（州）二府，十室九空"。贵池城内残存的些许傩事活动，规模大减，据《姚氏宗谱》（光绪三年重修）"信仰篇·傩戏"载，"每年正月八日、元宵两夜演之。昔有四夜，兵燹后，南（边）荡（里）减并为二夜，余有三夜、四夜不等……"二十世纪四十年代，抗日战争爆发，日军侵占贵池城及诸县，烧杀抢掠，胡作非为，贵池傩事再遭灭顶之灾！新中国成立初期，贵池傩戏得以复兴，有80余个自然村从事此类活动，但二十世纪五十年代末至"文化大革命"时期，傩事活动全部停止，一些家族从此断了傩的"香火"。

从现有的傩戏分布图看，到1957年，贵池尚有45个左右的傩班在举行傩事活动，但经过"文化大革命"，仅存的傩班大约只有18个了！1983年，贵池刘街殷村村民姚官保在房屋夹墙中发现三枚"文化大革命"前的面具，便与老人们商议，请贵池市青阳县庙前乡雕匠林宗琳及其祖父重刻，补足其余面具，率先恢复傩事活动。此后，其他村庄如太和章、南山刘、姚村、茶溪汪、老屋唐、东山吴、东山韩和邱村柯、荡里姚等40多个自然村都相继恢复了傩事活动。

第二节 种类：同类舞目群

贵池傩舞散见于各个家族。戴面具搬演，锣鼓伴奏，没有唱段却有"喊段"，是贵池各家族傩舞的共性特征。"喊段"是在表演前，由掌管先生念诵世代传抄的颂词，众人应和，颂词依据舞蹈内容而定。每段颂词开始，掌管先生高喊："都来！"台上的表演者和后台众人齐和"呵"。王兆乾先生认为，这种形式与宋代杂剧表演时的致语口号非常相似，孟元老《东京梦华录》记载北宋京城的风土人情，卷九有："参军色执竹竿子作语，勾小儿队舞。""进口号，杂剧人皆打和毕……小儿班首入进致语，勾杂剧入场……杂戏毕，参军色作语，放小儿队。"吴自牧《梦粱录》对宋杂剧也有这样的记载："参军色执竹竿拂子，奏俳语口号，祝君寿。""参军色作语，勾杂剧入场，三段。""竹竿子"是宋代演出时引导演员上场的专用道具。它本是上古时期在社树下拿着黍稷庆祝丰收、请神共享的舞蹈，后来，渗入了原始的宇宙观念，演变为专用于祭社的舞蹈和降神的器具。魏晋时期称拂舞，宋代民间称为拂子、竹竿拂子，简称竹竿子，它与今日尚存的贵池傩舞舞伞有密切的关系。[1]

贵池各家族的傩舞，舞目、演出次序、演出场合、出场人数、舞蹈动作各不相同。其演出形式可分为三种类型：一种是将舞蹈置于戏剧演出的前后，形成"舞—戏—舞"的组合形式，如殷村姚；一种是不演出傩戏，只有仪式和舞蹈，或者戏剧的片断（只舞不唱），如老屋唐；还有一种，只在祭社时于社坛作仪式性的舞蹈，然后把面具供奉于相堂，舞蹈不以娱人为目的，如徐村柯。安徽省申报第一批国家级非物质文化遗产代表作项目普查表明，贵池各村傩神会现存傩舞主要有下面名目：舞伞、打赤鸟、舞回回、舞古老钱、滚球灯、舞财神、魁星点斗、跳土地、踩马、舞

---

[1] 何根海，王兆乾.在假面的背后：安徽贵池傩文化研究［M］.合肥：安徽大学出版社，2000：46—47.

狮、钟馗捉小鬼、搓香花、和尚采花、跳土地公婆、花关索战的三娘、舞刀、舞合和、跳吉妈妈、舞芭蕉扇、舞鞑子、打铁、假秀才、打方板、刘海戏金蟾、杀关、跳五猖、舞旗等。

一、核心舞目：——《舞回回》《打赤鸟》《舞古老钱》《舞伞》《踩马》《魁星点斗》《舞滚灯》

1. 舞目

舞蹈生态学从本体论的学科角度，提出了关于舞蹈作品称谓的新的学术概念——"舞目"。所谓"舞目"，指的是"有相对稳定式样的、有始有终的舞蹈"，而且是"表达一个完整意义的舞蹈单位"[1]。通俗地说，"舞目"在很大程度上是"舞蹈剧目""舞蹈节目"的替代物，是纯粹属于舞蹈自律美学的术语方式。应该说，它的出现弥补了舞蹈学研究理念上科学化程度相对孱弱的不足，意义重大。为准确描述舞蹈作品，本书全部引用舞蹈生态学的"舞目"概念，以保证理论话语的规范与科学性。

迄今为止，在贵池，依然有"存活率"的傩舞舞目，主要包括如下几种：

《舞回回》：一名《舞回子》，是贵池傩事活动中比较普遍的舞蹈，播布甚广。贵池是汉人聚居地，本无当今回族的前身——"回回"的文化空间，为何这里会如此兴盛傩舞传承呢？远在周代，贵池一带被称作"南淮夷"，出土的周代青铜器上的铭文可以证实这一点。只是当时先民的遗踪，今日难觅了。自明清以降，凡有傩事活动的家族，都有迁徙史，一般均在明代或明代以前。在中国历史上，有几次人口的大迁徙，对文化的交流起着举足轻重的作用。由于贵池距南京仅250千米，又有长江舟楫之便，备受历代在今南京建都王朝的政治、经济和文化的影响。在中国，"回回"是一个大分散、小聚居的民族，自13世纪出现以来，始终保持着在中华

---

[1] 资华筠等.舞蹈生态学导论［M］.北京：文化艺术出版社，1991：28.

版图乃至更大范围内的迁徙和传衍方式。贵池，作为中原文化的"集散地"，同样具备这种文化迁徙的局面。另一则，古之为国者，惟八方乐奏、四面歌舞进奉，才能体现其风范，以显政通人和、四海升平。贵池自古为华夏文明腹地，历史迁延中的"万国来朝"和"四夷来王"同样营造了"回回"等少数民族乐舞文化的异地遗存。

关于贵池傩舞《舞回回》的基本类型，王兆乾先生认为："舞回回是对外来乐舞的统称，各家族的舞回回有不同的渊源和历史，并且表演形式也互有差异。可以说贵池傩舞舞回回是一种多层面的架构。从目前所收集的资料看，可分为如下几种类型：1. 回回祝福型：以刘街乡姚村为代表。2. 回回舞方型：以刘街乡殷村姚为代表和桃坡乡星田谢为代表。3. 回回舞刀型：以清溪乡碧崖江、刘街乡缟溪曹、太和章为代表。4. 回回舞狮型：以清溪乡杨家畈、西湾舒和茅坦乡老屋唐、茅坦杜为代表。5. 回回饮酒型：以刘街乡太和章为代表。此外，也有将舞回回穿插于正戏《刘文龙》中表演的，如邱村柯。"[1]

察上述分类，笔者以为，析而言之，从意义上，此五类"舞回回"，只有三种是与傩祭相关的舞蹈样式，即"舞方""舞刀"和"舞狮"；而其他者（如祝福、饮酒），严格意义上，并非一定归属于"傩"的范畴。此种分类上的模糊现象，在其他傩舞形态那里，状况依然。这表明，关于傩舞研究的理论问题甚多，学术观点亦呈多样化趋势。

《打赤鸟》：又称《打翅鸟》《打卦鸟》（吴姓）。傩舞《打赤鸟》古老非常，其基本形式是：两个戴男性面具的舞者，一人黑面执弓，一人白面执鸟，行"弯弓射赤鸟"之事，以表达"逐除疫疠"之意，符合"傩"之本义。用桃弓苇矢驱除疾殃，是一种厌胜巫术，起源很早。汉代张衡《东京赋》："尔乃卒岁大傩，驱除群厉。方相秉钺，巫觋操茢，侲子万童，丹首玄制。桃弧棘矢，所发无臬。"李善注云："桃弧，谓弓也；棘矢，箭

---

[1] 何根海，王兆乾.在假面的背后：安徽贵池傩文化研究[M].合肥：安徽大学出版社，2000：61.

也……《旧汉仪》：'常以正岁十二月命时傩，以桃弧苇矢且射之……'《左氏传》曰：'桃弧棘矢，以除其灾。'"可见，对此事的记载相当明确。同样出自张衡《东京赋》，也有关于"赤鸟"即是"瘟疫之鬼"的记录；同时，"赤鸟"也是导致旱灾的鸟，此说与"后羿射日"故事相关。也有人认为，这源自古老的太阳崇拜，赤鸟被人视为神的使者，人们趋之若鹜；但，此论之误在于"除非天象异常，傩舞'打赤鸟'不太可能把太阳鸟或传授天命的赤鸟作为驱逐的对象，也不可能是反映羿射九日的神话"[1]。当然，打赤鸟以做占卜，问天下之吉凶，也是古已有之的习俗。

几层涵义虽各据一意，但"驱疫纳吉"的旨向显而易见；现实"傩仪"中的形态意旨，同样动态地印证了这样的内容，即《打赤鸟》具备典型的傩舞意义，基本可以肯定。

《舞古老钱》：又称《舞鲍老钱》《舞抱罗钱》(或简称《抱罗》)、《舞古铜钱》《耍钱》，也有称《舞太平钱》《抱锣》的记载，是贵池常见的傩舞之一。舞蹈的特点是舞者手拿古铜钱模型的道具盘环而舞，含祈求"风调雨顺""国泰民安"之意，更隐"驱邪纳吉"之愿，故而得名。与《舞回回》一样，《舞古老钱》也是哑舞，舞者随着锣鼓节奏而动作，没有唱。"在民间，还有一种形同货币的铜钱，名为厌胜钱，也称罗汉钱、太平钱，面积较普通货币为大……常佩戴于儿童身上，或作为婚姻约定的信物。"[2]据说，铜钱来自于古老的占星术，与远古先民的天文观念——"盖天说"[3]有关，是对宇宙形态的模拟。王兆乾先生以为它是宋代"舞鲍老"的遗存，并从民间关索戏的唱词中寻得依据。此说有待进一步考证。但无论怎样，这种戴面具、舞铜钱的舞蹈，在它与关索戏的关系中吐露了傩舞的本义——祈福、纳吉、逐疫。

---

1 何根海，王兆乾.在假面的背后：安徽贵池傩文化研究［M］.合肥：安徽大学出版社，2000：54.
2 何根海，王兆乾.在假面的背后：安徽贵池傩文化研究［M］.合肥：安徽大学出版社，2000：93.
3 天圆地方是极为古老的宇宙认识，天文史称之为"盖天说"。

《舞伞》:《舞伞》是贵池傩舞的主要形式之一,目前各家傩神会均有此舞,并都将伞作为迎神的器具,因而这里的"伞"又称做"神伞"。在民间,伞的文化意义相当丰富;在民间舞蹈(尤其是傩舞范畴)里,伞舞的祭祀性和信仰成分最多。贵池傩舞中《舞伞》的文化涵义主要有三:一曰象征着天穹,此意包含了远及商周的中国天文观,即"天圆地方"之说;二曰神祇沟通人神天地的通道,先民笃信朴素唯物观,认为神在高处即可达上苍,故而"移情"于伞上;三曰生殖崇拜,即男性生殖力的象征,此意集中体现于"神树"之上(后文再述)。贵池的《舞伞》,各村多为一人的独舞,但也有的村庄(如曹、金姓)是以双人舞样式为主的。

《踩马》:又称《踩竹马》《踏马》《踹马》,也是贵池傩事中普遍出现的傩舞形式。它是仪式,又是表演。内容上,五花八门;呈现上,有地马、高跷马之分。多搬演关公、五猖、花关索、鲍三娘、貂蝉等故事。王兆乾先生认为:骑马逐疫,渊源甚早。《后汉书·礼仪志》便有汉代宫廷大傩骑马驱赶疫鬼的记载:"先腊一日大傩……门外五营骑士,传火弃雒(洛)水中。"仪式后,迎候在宫外的五营骑士手执火炬再把疫鬼赶到洛河里。汉代,五行学说已甚流行。显然五营骑士是五行、五方观念形成后的产物。五方,又是在四方的基础上的发展,它与古代的方祭有着密切的关系。皇宫自然可以兵马代表五营,百姓则只能用竹马替了。驱马赶鬼,本是人类狩猎生活的反映,这一观念大约在人类驯服了兽类以后不久便已产生。在神坛的演变过程中,帝王将相逐渐取代大量的自然神,因此马作为神的坐骑,也经常被赋予神的色彩。各地傩坛上之请神,多有"发马"的仪式,还衍生出洗马、刷马、割马草、饮马、鞴鞍、发马等表演,目的是派马去天界将神迎来。[1] 竹马,凡儿童皆所喜爱之。"跑竹马",隋唐时期已纳入仪式性歌舞,并逐渐与胡舞、胡乐相结合,构成一种与假面妆扮相关的表演。至宋代,竹马发展成队舞。贵池傩舞《踩马》的表现,地马多

---

[1] 何根海,王兆乾.在假面的背后:安徽贵池傩文化研究[M].合肥:安徽大学出版社,2000:81.

童子担当，高跷马则是青年人的职责，表演很有技术难度，或模仿戏曲，或表达高跷技艺，核心功能只有一个——"驱鬼"。

《魁星点斗》：《魁星点斗》流行于姚姓家族。舞者一般为一人，袒胸跣足，戴绿色狰狞面具，上有獠牙。舞者左手执方形木斗（象征北斗七星），右手执朱笔（暗含"中举"之意），做踢斗、点斗动作。在正月跳魁星，旨在祈求家族文运昌明、官运亨通。据说，贵池傩舞《魁星点斗》与明人顾炎武《日知录》所言之"文章之府"有异曲同工之妙。

《舞滚灯》：又名《滚球灯》《滚灯》，或《二郎神滚灯》，流行在沿河、傍湖的一些村庄。这些村庄的傩神会所奉的主神为二郎神，每年初春行傩时，迎请二郎神等众神，故又称《二郎会》。舞滚灯是展示二郎神威的傩仪舞蹈，一般为独舞，舞者戴无须面具，白色（亦有"装金"的），动作多举灯左右摇晃，转身，拜四方。不同村庄，动作内容不同，有的相当丰富。舞滚灯历史悠久，明代万历刊本《池州府志》"逐疫"条便有了"或踹竹马，或肖狮像，或滚球灯，或肖神像"的记载。

观察与研究表明，"黄金四目"的假面、"驱鬼逐疫"的使命，在贵池傩舞身上占据了主要位置，而其古朴与原始意味的形态，也为我们提供了傩文化核心物的最佳佐证，也为揭示其背后所包含舞蹈文化的普世意义和启蒙价值提供了必要条件。

2."社树"的象征意义

如金克木先生在研究日本文化特质时所强调的那样，"不仅要'找寻决定性的物质因素'，而且要'探讨起重要作用的精神因素'，不是只得出'抽象模式'，而且要发现'具体典型'"[1]。我们对贵池傩舞的考量，同样必须遵循这种思维视角，要在细节发掘和微观论证层面实现对整体共性的把握，同时还须保留基本的个性差异，这是理性真实性的前提。

---

1 金克木.日本外交史读后感［M］//比较文化论集.北京：生活·读书·新知三联书店，1984：185、187.

图 1-1　社树

正如美国著名人类学家鲁思·本尼迪克特女士所说，"一个部落的正式习俗也许百分之九十与邻近部落相同，却可以作些修改以适应与周围任何民族都不相同的生活方式和价值观念。在这一过程中会排斥某些基本习俗，不论其对整体的比率是多么小，都可能使该民族的未来向独特的方向发展。对于一个人类学家来说，研究这种在整体上具有许多共性的各民族之间的差异是最有益的。"[1]

在贵池傩仪中存在一个特征鲜明的文化事象——"社树"祭礼。作为一个带有特异性色彩的文化视点，它只流布于很小的范围，是一个典型的人类学观照对象。其具体状况如下：

每年的农历正月十三日中午，刘街乡的徐村柯、缟溪金、缟溪曹三姓都会在三村交界的乡道中央举行社祭，三姓有共同的社坛和社树，位于缟溪金村前不远处，傩舞、傩戏要在其间充当重要角色。遗憾的是，柯姓的傩戏、傩舞均于百多年前在战乱中失传，现在只能是如期参与朝社仪式。据三村长者说，此社坛是一座庙宇的遗迹，历史尘封了殿堂塔影，唯有一棵灵性饱含的古树依然，于是便有了所有的赋予。关于此，王兆乾先生如是论述：

　　社树是一棵枫、榆合株的古树，正因为合株，被视作具有"合和"的吉兆。本来，社树就是祭祀高禖神的地方，合株树就更增添了生命之树的含义。两村的傩神会听铳炮为号，依柯、

---

[1] ［美］鲁思·本尼迪克特.菊与刀［M］.北京：商务印书馆，2005：7.

金、曹的次序分别去社树下的社坛。在献供、礼拜后，开始舞伞，金、曹两村的舞伞都是双人舞，这与刘街乡的汪、姚、刘和棠溪乡的吴、韩等姓的独舞不同。两村的面具不同，金村为两个狰狞有肉角的青色面具，曹村却是天帝与土地神面具，戴天帝面具者执伞，戴土地神面具者执古铜钱。所执古钱道具直径约35厘米，两村的舞步大体相似。[1]

上述行为的具体过程和旨向，我们暂且搁置不论，而只是将目光更多地聚焦在文化心理分析，即对"社树"作为一个文化因子的涵义解释上，以挖掘"舞"与"仪式"的关系，指出它的功能和意义。

著名英国人类学家弗雷泽（James Georger Frazer）先生在他的名著《金枝》中对"交感巫术"有过精辟的理论阐发，此说至今依然适用于对贵池傩舞的文化认识。弗雷泽说：

> 如果我们分析巫术赖以建立的思想原则，便会发现它们可归结为两个方面：第一是"同类相生"或果必同因；第二是"物体一经互相接触，在中断实体接触后，还会继续远距离的相互作用"。前者可称之为"相似律"，后者可称作"接触律"或"触染律"。巫师根据第一原则即"相似律"引申出，他能够仅仅通过模仿就实现任何他想做的事；从第二个原则出发，他断定，他能通过一个物体来对一个人施加影响，只要该物体曾被那个人接触过，不论该物体是否为该人身体之一部分。基于"相似律"的法术叫做"顺势巫术"或"模拟巫术"。基于接触律或触染律的法术叫做"接触巫术"。……巫师盲目地相信他施法时所应用的那些原则也同样可以支配无生命的自然界的运转。换句话说，他心

---

[1] 何根海，王兆乾.在假面的背后：安徽贵池傩文化研究[M].合肥：安徽大学出版社，2000：43.

中断定,这种"相似"和"接触"的规律不局限于人类的活动而是可以普遍应用的。

……把"顺势"和"接触"这两类巫术都归于"交感巫术"这个总的名称之下可能更便于理解些,因为两者都认为物体通过某种神秘的交感可以远距离地相互作用,通过一种我们看不见的"以太"把一物体的推动力传输给另一物体。这与现代科学为了与此完全相同的目的,即为了说明物体怎样通过似乎是空无一物的空间而发生物理作用,便假定有这样一种"以太",并没有多大的区别。[1]

当然,用"交感巫术"的理论指称当下的文化事象似乎有失恰当,但人类至今犹存的巫术心理的确表明,一种原始性的文化心理可以跨越历史流变至今,当代的某种文化形态不啻是远古文明的合理遗存。这意味着,贵池傩舞的文化心理依然与"交感巫术"时代有千丝万缕的联系,"社树"便是众多联系因素之一,而且在整体系统中占有举足轻重的地位。在贵池人看来,社树既然是合株而成,自然包含阴阳相合、生命无限的内容,符合"相似"和"接触"的规律,其物理属性吻合了人们的心理欲求;而"伞"与"钱"、"天"与"地"、高媒祭祀的对舞,体现的更是阴阳之道、"和合"之旨,包含信仰、宗教、哲学、人本等多方面内容。树,本是一个具体的物质载体,但当它被赋予某种巫傩涵义后,便演化成一种符号,象征了一种观念,久而久之,即会"升格"为一种"神物"。人们将自己的精神欲求投射其上,它也就具备了被人顶礼膜拜以满足文化和精神需求的"偶像";而在"物质不灭"的芸芸众生世界,它的"主、客体"关系亦经常处于混沌、倒错状态,于是便加剧了它的"偶像化"程度。只要这种现象和构成环境存在,"巫术"情结必将延续下去;反之,巫术心理与

---

[1] [英]弗雷泽.金枝[M].北京:大众文艺出版社,1998:19—21.

环境的存在，必然影响仪式中的一切成分，它们也在自己的境域中不断发生着变化，从外在到实质、从表象到内涵，全方位地更迭。这便是贵池傩舞中"社树"的文化意义之所在。一方面，社树将神力赋予民众，以操控人们的灵魂；另一方面，民众"移情"于物质载体之上，从中得到心灵的慰藉。一个不可回避的现实是：即使是现代社会，人类的"巫术心态"依然在不同程度地发生作用。这样一来，便会有无数个与之相关的思维现象蜂拥而至，构成无数个文化行为与之相配。

二、青山庙会

贵池的傩事活动，具有十分鲜明的社祭特色；而庙会，又是这众多活动中最具文化旨向性的方面。郊庙祭祀，原本是文化生态中最具本质特性的因子，它的环境特征以及与核心物的关系，对于认识事象的本质作用极大，甚至在某种意义上，它就代表了核心物的基本涵义。

图1-2 青山庙会

贵池傩的庙会，是一种通过傩事实现的联社性质的土地祭祀活动，也是贵池傩舞的重要内容。在贵池，凡是有傩神会（或称二郎会、昭明会）的乡镇，过去都有朝庙活动。

青山庙会，即是贵池傩事中最具典型意义的祭祀仪式。相传青山庙建于元代至正年间，据《汪氏宗谱》与《贵池县志》记载，当年，茶溪汪姓先祖，一名为汪开先的人动议与姚姓人合作，共建了这座庙宇[1]。据考察，

---

[1] 据姚官保、姚秉锜介绍，青山庙原名保和堂，大殿的神像旁，原供奉汪、姚二姓建庙的祖先牌位。

该庙原本是一座梁昭明太子祠，后经扩建，增加了大佛殿和都城隍殿，便演变成庙宇，由住寺僧人掌控。据载，青山庙屡遭兵家蹂躏，直至抗日战争时期，终因年久失修而坍塌。但时至今日，傩事活动仍沿习旧制，在原址举行。只是没有了庙宇，少了在龛前的献供、咏祭文等仪式。19世纪末叶起，每年有九个社联合朝庙（即姚姓五社半，汪姓一社，刘姓一社，戴姓一社，此外，宋村半社）；1983年后，刘街乡的傩事活动复兴，随后，其他乡村相继跟随。时光荏苒，如今，各个村庄的傩社和朝庙活动虽然没有全部恢复，但已有姚村、南边、虾湖、双龙（汪姓）和刘姓的五个傩会在青山庙聚首，而后，西华姚恢复傩戏并加入了青山庙社祭的行列。

青山庙会的各路朝觐队伍是有先后顺序的，即姚姓前、汪姓后，其次为他姓；即使同一姓氏，也有长幼尊卑之别，长为先、幼为后。因为有这样的规矩，庙会一般由姚村队伍先行，负责安排两张香案，一盘三牲供品。因青山庙建于原姚村界内，姚姓又是最早的参与者，依地主之谊，姚村理应行"开（庙）门"祭，以礼迎嘉宾。姚村朝庙的基本形态是：由童子彩旗队构成仪仗（当地称"銮驾"），旗子有象征五行的五色旗、飞虎旗、蜈蚣旗、帅旗、各色彩旗；仪仗前有铜锣开道，随旗阵出巡的还有仿衙门的"肃静牌""回避牌"和木制的刀、枪、戟、锤、矛等古代兵器。香首手执五色神伞，在庙前空地舞动，挑面具箱的彩衣挑夫随后。有锣鼓队和细乐队伴奏[1]。随后，香首喊"朝庙诗"，众人和。挑夫卸下面具箱，供于方桌（神案）上，面具箱被打开，神际、人神交往即告开始。香首或族长燃香跪拜，会众拈香行礼，鞭炮齐鸣。姚村队伍一出村，便鸣铳三响，五华里外隔河相望的茶溪汪村队伍，也全套銮驾地启动了。与汪姓不同的是，队伍中多了"夹板"[2]，以增加仪仗的威严。约清代起，当地就流

1　细乐，指由笛、唢呐和锣鼓等打击乐器组成的乐队，演奏的乐曲，通常有《花十番》《花八板》等。

2　汪家的"夹板"，是古代县、州官审案时皂隶在两厢站立手中所执的刑具，为执行笞刑所用，由二人各执一根。它是用一种在贵池罕见的"罗汉竹"剖开而制成，曾经成为庙会时家族显耀的珍物。

传这样的顺口溜："南边旗子荡里伞，刘锣、戴铳、汪夹板，山里、山外干呐喊。"[1]

汪姓队伍到达后，于另一神案上打开面具箱，也舞伞、喊吉祥词，行祭礼。然后两姓家族的长辈们寒暄拜年，并在姚姓家族的面具前烧香礼拜。如此的交流，融洽了关系，化解了矛盾，起到了和睦一方的作用。汪姓礼毕，仪仗离开，河对岸候着的刘姓等九村队伍，才可鼓乐喧天地鱼贯入场。不同者，刘姓的36块面具始终端坐"龙亭"（由八人抬的）。此外，年成好时还会在庙前舞龙灯，使朝庙的气氛火爆。刘姓离去，才是南边姚、姚街村。还有一道程序，即各村朝庙完毕，姚村才能"关（庙）门"离开。

笔者2006年正月十五考察了青山庙会，记录了全过程（详细内容见第二章），亲身感受了斥资3万余元所构架的震天动地烟火盛景。青山庙会，将贵池傩事的土地祭祀行动推到了最高层次，使整个贵池"春傩"得以在高潮中落幕，实在地画了一个完整的句号！

第三节　分布："文化空间"

贵池有"无傩不成村"之称，由来已久。而今，一些傩仪的"请阳神词"中，依然有迎请各路大社的嚎啕戏神驾临的词句，这些神灵包含了从长江入口处至各村沿途的社神、桥梁之神、水口之神、庙宇及沿路傩神等各路谱系，同时神谱（面具）的丰富也暗示出搬演傩戏的家族之古老与数量之众多。刘街乡茶溪汪村的"请神词"中就有"苦竹畈嚎啕戏会耍戏

---

[1] 南边，指南边姚，即殷村、毛坦、楼华等五村所组成的震湖永兴大社；荡里，即姚街，该村以制作的神伞精致而著称；刘姓九村仪仗里有一面开道锣，口径最大，需二人抬；戴姓的铁铳最大，一次可装0.5公斤黑色火药；山里、山外，即姚村，该村擅唱高腔。众人在庙前喊吉祥语声音高亢。

龙神""邱村畈嚎啕戏会耍戏龙神"的语句，还提及同类功能的许多会社的名称，如"虾湖社""东山社""姚村社""灵田社""汪村畈"等，以及"瓦窑塘老郎师傅"（老郎——戏神）等字样，只是这些地名、社名早已成过眼云烟，杳无踪影了。

关于贵池傩的分布状况，王兆乾先生1952年以后做过多次考察，搜集了1949年新中国成立以来有傩戏的村庄详情，列表如下：

表1-2 贵池傩戏流布一览表[1]

乡名	自然村	演出日期	面具数（枚）	备注
清溪乡	楝树檀 楝树巩 碧崖江 岭上舒	正月初八、十五 正月初十 正月十二 正月十三	30	岭上舒参加傩神会，但本村不演，请檀姓来村演出
同上	黄山叶 张村汪 上清溪康	正月初十 正月十三 正月十五	24	
同上	清溪程 大垄程 河东程	正月初九、初十 正月十三 正月十五	26	
同上	西湾舒* 水宕胡* 杨家坂* 山口施 塝里徐 桂家坂	正月初七 正月初八 正月十三	32	原为六姓二郎会，1986年，仅舒、胡、杨三姓出资恢复活动
里山乡	苦竹坂巩 叶坂巩 花园巩 塘边巩	正月初七 正月初九、十一 正月十二、十五 正月初十、十三	29	面具用毕，供奉于白笴（音gǎn）庵
同上	河西毕 河西桂	正月初七 正月十二		
同上	排湾徐 石头徐	正月初九 正月十五	36	

---

1 何根海，王兆乾.在假面的背后：安徽贵池傩文化研究[M].合肥：安徽大学出版社，2000：12—15.

续表

乡名	自然村	演出日期	面具数（枚）	备注
同上	堨里虞 湾里虞			
马牙乡	茶山金 茶山洪	正月十一至正月十五	36	
同上	汪家店	不详	不详	
桃坡乡 (潘桥镇)	星田谢* 杨冲王*	正月十二至十五谢王二姓 正月初七至十一潘姓	36	称"二郎会"
同上	邱村 (新开村)*	正月初九至十五	36	称"二郎会"
同上	峡川柯			
解放乡	元四章俞村	正月初七至正月十七	48	十大房头各轮流一夜
刘街乡	荡里姚*	正月初七，正月十五	30	
同上	山里姚* 山外姚* 高隆王* 松树塘* 西冲谢* 老　屋* 河边孙* 东冲孙*	正月初七、初十 正月十三 正月初八 正月十二 正月十四 正月十五 正月十一 正月初九	32	山里、山外、老屋合称姚村，原联合姚、孙、谢、王四姓组成一会，现附近各姓均参加
同上	毛坦姚* 殷村姚* 楼华姚* 庄村姚*	正月初五 正月初七 正月十三 正月十五	28	
同上	西华姚	正月初七、初十、十五	34	
同上	南山刘* 历山坂* 奋门刘* 前　山* 观音阁* 汤　村*	正月初七、十五 正月初八 正月十二 正月十四 正月十三 正月初十	36	正月初九界轮空，除前山、观音阁两村演出时间固定外，其余各村依房头轮流
同上	茶溪汪* 源溪汪*	正月初九 正月十三	24	
同上	双龙汪*	正月初七、十五	24	
同上	太和章*	正月十五	18	
同上	徐村柯*	正月十三	18	只举行朝社仪式，不演戏
同上	缟溪金*	正月十三、十五	13	原正月十四演《黄太尉》，今废
同上	缟溪曹*	正月十三、十五	24	同上

续表

乡名	自然村	演出日期	面具数（枚）	备注
同上	长垄桂*	正月初七	36	只举行仪式，傩戏失传
同上	戴　村	正月初七、正月十五	不详	原青山庙九社之一，今村已败落
棠溪乡	东山吴	正月初七、十三、十五	18	朱、檀、吴三联合
同上	东山韩*	正月初七、十三、十五	24	
茅坦乡	柏桥胡 茅坦杜	正月初七、正月十一、十五	36	正月初七称"小演"，正月十五称"大演"
同上	老屋唐* 新屋唐* 阳春王* 项　家*	正月十四 正月十五	19	只有傩舞与高跷马 原有面具36枚，1993年重制改为19枚
墩上乡	渚湖姜	正月十五	36	
观前乡	祠堂包	正月初七至十五	不详	只表演踩马
桐梓山	许村谢	正月初七至十五	不详	只表演高跷马

注：有*号者为现在尚在活动，演出日期各同社村轮流

民俗学家乌丙安先生在《民俗学原理》一书中指出："在人类社会各地区，文化要素的发生在衣食住行、器物使用、生产技术、神话、信仰及艺术创造等诸多方面几乎涉及到人类生活主要文化要素的全部。而这种人类生活的全部文化复合体，在发生上都有相互关联，同时在特定的地区内具有普遍性，他就叫做'文化圈'。由于这种文化复合体不停地扩散传播，历久不变，所以在世界各地都可能有各自形成的统一文化圈。"[1]

---

[1] 二十世纪初由德国传播主义者格雷布内尔和施密特创立的"文化圈理论"，其主要观点在于：(1)文化的空间位移不仅是一些文化成分，而且是整个文化丛。(2)如果一文化丛具有器物、经济、社会、道德及宗教上的特征，即可称之为文化圈，而这种文化圈则具有独立性、自足性和持久性。(3)既有地理位置相连的文化圈，也有与其他文化重叠的文化圈，还有洲际文化圈，甚或两个以上的远隔地带形成的同一文化圈。(4)界定一个文化圈应同时使用定性和定量分析的标准，从物质、社会和宗教神话三方面进行考核。"文化圈理论"在重建古今文化关系的历史序列上试图找出具有同源性的规律，在当时的学术界不失为一家之言。美国人类学家博厄斯倡导的早期美国文化人类学亦有此理论倾向，即强调研究文化的迁移过程。二十世纪三十年代末，在学术界的种种批评之下，传播论渐趋衰落。但文化传播现象作为文化发展的一种事实，仍是文化研究领域的重要课题之一。五十年代以来，人们开始用新的大众传播理论（传播学）研究当代文化跨民族、跨国界的传播，使文化传播论以一种完全不同的理论形态重新出现。此材料参见覃光广、冯利、陈朴主编.文化学辞典[M].北京：中央民族学院出版社，1988：202.

事实上，迄今为止，贵池傩事活动依然在38个自然村中有所保留，此文化区域内共通性的多种"文化特质"构成的"文化丛"，孕育了该地区基本的"文化类型"，形成了"文化圈"的格局，而其"文化圈"的自足性、耐久性也有了鲜明的显现。其实，贵池傩文化圈的范围远不止如此。有资料显示，它的存在不是孤立的，文化区域涉及皖南至南京地区，历史上池州所属各县及相邻的徽州等地都有傩事活动。清代，兴孝乡（今归石台县）已有驱傩仪式[1]；1949年，青阳县尚有傩戏，形式、内容与贵池相同。"据明末人谈迁所著《枣林杂俎》'官傩'条记载：'岁十一月朔，太平[2]人奉郡符直入应天尹中道，傩于南京。'另安庆一带的望江、宿松等县在清末也还有'假面俳优之戏'。据我调查，在望江县的瀼镇农村，至今尚有由道士主持的载假面具的出五猖活动，称'五猖会'。可见，沿江、江南过去都是巫傩流行的地方。"[3]

事实上，贵池傩文化圈内在的文化成分之变动是相对稳态的，但又是具有鲜明运动特征的。换句话说，贵池傩在历时与共时的坐标中，始终保有的是一种既相对程式化又渐次推进的文化态势，不停顿地实现着"文化圈"的独立性、自足性和持久性。

在贵池诸多的傩舞分布中，目前最具典型性和分析价值的"案例"，大多存在于刘街乡和茅坦乡。鉴于此，我们不妨适当展开研究的羽翼，以个案视角简单观照其分布状态，以揭示问题。

一、刘街乡

从前面的图表可见，刘街乡的傩舞存在于29个自然村的傩会当中，

---

1 （清）陆延龄（修）：《光绪贵池县志》：《中国地方志集成安徽府县辑》，南京：江苏古籍出版社，1998年。据载，当时傩事活动为期三个月。
2 太平，今芜湖市当涂县，原为太平府，历史上曾与池州合并为一个行政区划。
3 何根海，王兆乾.在假面的背后：安徽贵池傩文化研究［M］.合肥：安徽大学出版社，2000：15.

而且其中家族分布占有率极高，呈现出"一个家族有几个傩神会"的分布特征。这里面尤属姚姓家族影响面最大。

刘街乡，以刘姓和姚姓为"望族"，清代便有"九刘十三姚"之称，意旨以自然村划分，刘姓居九个村落，姚姓居十三个村落。

刘街乡的刘姓分散在九个自然村中，面具却只有一堂（36枚），但他们却拥有两个傩神会。据《刘氏宗谱》记载，刘姓明代自江西迁居贵池，第一代为庄一公，生子二人，长名正公，次名苏公。二人又各生四子，自此分为八支，称"八大房头"。至今，分布在中庄岭（祖宅）、观音阁、南山上下村、汤村、凤岭、立山、岸门、前山九村。[1] 其傩神会即是依照宗族支系的原则组织起来的，构成了既统一又分散的基本格局。1958年前，建有一座刘姓宗祠，供傩事之用；后因修路而濒于毁坏。1983年，刘姓傩事活动异地举行，中心设在南山刘村。

关于姚姓在刘街的起始状况，据《姚氏宗谱》（光绪三年重修）记载："姚祥七名胜，由豫章而迁秋浦开元乡，见山水毓秀，携子令公遂家焉。建业灵田，立宅西山，负兑向卯，卒葬西山卯向。娶何氏，生子令……子令，生开宝七年甲戌（974）七月十二日午时，卒北宋明道二年癸酉（1033）四月十九日。"[2] 不难看出，有确切材料证实的姚姓先祖迁徙贵池的时间是一千多年前的北宋。之后，一支姚姓后裔（名为姚清源者）从皖南的绩溪迁至本地，因与先居的姚姓同宗，故此同修家谱，这一支即是"西华姚"的前身。千百年来，姚姓人丁兴旺，家族繁衍茂盛。清时，贵池姚姓已分出霞湖南边、霞湖坎上、西华、虾湖、姚村、太和、宋村等数支。而这数支的傩神系统，又打破自然村的界限，根据宗族关系或其他原则分别组成五个"大社"，即姚村大社、虾湖大社、霞湖永兴大社、西华大

---

[1] 何根海，王兆乾.在假面的背后：安徽贵池傩文化研究［M］.合肥：安徽大学出版社，2000：18.

[2] 转引自何根海，王兆乾.在假面的背后：安徽贵池傩文化研究［M］.合肥：安徽大学出版社，2000：17.

社等，以共同祭祀傩神。宋村，因地理位置及其与戴姓共寓一个大社的缘由，因而占据"半社"地位。总体而言，姚姓傩会一共拥有五个半神社的"编制"，号称"五社半"。这五社半各自雕刻面具，组成傩神会，古今一事，始终延续，形成了一个相对稳态的"文化空间"，繁衍了汉民族的一种文化传统。

如"南边姚"拥有一个大社，随着时间的推移，此支系又逐渐分出殷村、毛坦、楼华、庄村（又名太和）、马家塘等五村，诸村联合共同组成一个傩神会，拥有一堂面具，共28枚。同时，各村也拥有一个社坛，以备祭祀之用。傩事期间，各村依约定、按顺序轮流迎请面具进坛祭社、祭祖或祈年。社坛统领人称为"香首"（或"会首"），由各村会众按房头推举一位年长或德高望众者担任，大社由总香首掌控，担任者亦是诸村香首中辈分、威望最高的人。1949年之前，为傩事活动，家族祠堂里都掌握着一份被称为"公堂"的田地，作为经济资助，由族长或香首管理。新中国成立后，"公堂"土地充公，分给无地农民，傩事资金由各家分摊，原则是依男丁人口分配指标或捐助，公共设施诸村或共享或增删。时世的变迁，文化区域面积的日益增大，他姓的介入，都使得社坛内涵发生变异，单一的宗族概念被撼动了。

二、茅坦乡

茅坦乡傩神会的特点是"几个家族（不同姓氏）一个会"。之所以如此，原因或在于这些家族人丁香火不旺、经济实力有限，或有姻缘、地缘关系，或归属同一行政区划。成会的方式依然是诸村联合，修建一座庙宇或傩坛，共同置办面具、服装，照约轮流傩祭，构成一个祭祀"文化圈"。如茅坦乡杜、胡二姓的傩神会，就是一例；而茅坦乡山湖村的唐、王、项诸姓，是贵池"踩竹马"的主要流布区，每年各姓都要在共同的社坛前朝庙和朝社，还须踩竹马巡游，"恩泽"本祭祀"文化圈"内的九个姓氏不同的自然村。[1]

很显然，贵池作为一个"文化空间"，是以自然与人文两个标准来划分自己的存在的。一方面，它以地理分布与自然状况作为分野标准，将人口按行政区划方式做了基本分类，各村都有自己的权利和义务，实现着政府管理下的职能；另一方面，文化区域的含义和导引，又冲破自然或行政的划分，将宗族和血缘、性格与文化从根本上联结起来，形成另外的一种文化划分，这是人类学最有兴趣关注的划分，于是便有了上述文化事象的基本状态。因此，在贵池人的头脑中，就会存在两种空间概念：一是自己生活的"小村"，一是本族生活的"大社"。正如美国历史学派的人类学家所阐发的那样，"文化是超有机的、超个人的、超心理的、独立的封闭系统"，很大程度上，它独立于物质现实之上而构成自洽的运行系统，"文化现象只能通过文化现象来解释。简单地说，文化决定了文化"[2]。与此同时，我们还须看到，任何一种文化方式都有其存在的相对合理性，这也意味着各民族的文化在价值判断上的相对性，即文化的平等观，不能以高低等级来区分文化的意义。贵池傩文化的保有，正得益于这种文化价值的潜移默化的被认同。

---

1 何根海，王兆乾.在假面的背后：安徽贵池傩文化研究［M］.合肥：安徽大学出版社，2000：20.

2 王铭铭.西方人类学思潮十讲［M］.桂林：广西师范大学出版社，2005：14.

第二章
"社祭祀圈"
——田野考察与傩舞构成

一种文化现象出现并存活在一个地区，并且引起区域内多数人的参与和传衍，久而久之，不仅形成了人们的需求，也构成了一地的文化，打造了群体的人格，一个"文化圈"便宣告诞生了……

事实上，"文化圈"建立的依据是与社会整体观的理念相连的。法国社会学派人类学家涂尔干认为，"生物细胞虽然只是一些生硬的原子，可是一旦这些生硬的原子结合在一起，就会形成一种新的组织……依此原理而言，社会并不只是许多个人的总和，而是个人经过组合而成的体系，已经具有其特征的特异事实"[1]。进而，涂氏又提出了"集体观念"的说法，它指的是"由某一特定的社会的大多数人所接受的共同信仰和感觉，是社会强加于个人的观念，不是人从直接的经验中取得的"[2]。一个社会范畴内的各种文化因素，都直接左右着人们的文化定位和文化抉择，合力构成"文化圈"的文化品格。正如功能主义大师马林诺夫斯基所言，"文化，即工具的整体及社会群体、人类思想、信仰及风俗的规章，构成了人赖以更好地

---

[1] 陈秉璋.实证社会学的先锋——涂尔干[M].台北：允晨文化实业股份公司，1982：206.转引自王铭铭.西方人类学思潮十讲[M].桂林：广西师范大学出版社，2005：12.

[2] 王铭铭.西方人类学思潮十讲[M].桂林：广西师范大学出版社，2005：13.

对付在其满足需要的过程中适应环境时所面临的具体问题的伟大器具"[1]。

至于文化的意义何在，我赞同功能主义人类学的做法，从文化的本体有用性层面去发现和解释问题，以获取挖掘核心物的最本质的答案。马林诺夫斯基说："一物品的成为文化的一部分，只是在人类活动中用得着它的地方，只是在它能满足人类需要的地方……简单者如是，复杂者亦何独不然。"[2] 在此前提下，他认为人类学的研究对象应该包含两种：（1）文化或由各种用具、物品、社会团体、观念、技术、信仰、习惯等人类创造物所合成的整体。（2）人的基本需求或人的新陈代谢、繁殖、舒适、安全、行动、生长、健康等需要。他认为，社会人类学者的使命，在于通过田野调查理解人的文化性、制度性的活动与人的基本需求之间的关系。而人类学者赖以理解这种关系的工具，是"功能"（function）这个概念。[3]

依照马林诺夫斯基的观念，人类的任何社会和文化现象皆因满足人的需求而存在。人为基本生存而觊觎生理需求，才有了生物性的欲求；一旦生物本能得以满足，人类便会创立谋求尚佳生存的另一种环境，亦即文化；既然创造了文化，人类就会想方设法繁衍之，并使其在蒸蒸日上的前提下，不断满足人类的物质和精神需求。因此，他认为是人的需求奠定了文化的存在。而满足人的基本需要的方式和行动，就构成了文化的"功能"。换句话说，就是文化的功能是文化实现的手段和目的。而要完成文化的实现，必须依靠文化特质和文化制度的联合作用。

拉德克利夫-布朗（Alfred Radcliffe-Brown）是"结构—功能主义"人类学巨擘，也是和马林诺夫斯基并驾齐驱的文化人类学大师。与马氏不同的是，他的学说更加注重考察社会的有机整体，并从"社会结构"的角度探讨文化的意义。在他看来，社会结构决定文化意义，并在时间的推移中

---

[1] Malinowski, 1964 [1945]. The Dynamics of Culture Change: an inquiry into race relations in Africa [M]. New Haven: Yale University Press: 42.

[2] ［英］马林诺夫斯基（Malinowski, Bronislaw）.文化论［M］.费孝通译.北京：中国民间文艺出版社，1987［1944］.

[3] 转引自王铭铭.西方人类学思潮十讲［M］.桂林：广西师范大学出版社，2005：38.

保持自己的作用；他同样倡导文化"功能"在社会变革中的作用，而且将其提升到决定性的地位。他所谓的"功能"，指的是某种制度对社会整体构成所起的作用。他曾经说："结构这个概念是指在某个较大的统一体中，各个部分的配置或相互之间的组合。我们谈论楼房的结构时，意思是指墙、房顶、各房间、楼梯、走廊等等的配置，或进一步还可指砖块、石头、木材等的组合……一个分子的结构就是它内部相互联系的原子的组合排列……"[1]

实际上，文化结构与社会结构在内层肌理上具有本能的一致性。以物质、制度和精神同构的文化，其内在的秩序感、规则化，正与社会结构的本体构成有异曲同工之妙。从某种意义上说，解释社会现象就是在解释文化现象本身。

如果说，我们在第一章节的论述着重于贵池傩舞的"时间文化层"的勾勒的话，那么在本章中，我们则要侧重于贵池傩舞"空间文化层"的揭示。何谓"空间文化层"？民间舞蹈的空间性，即其文化的横断面，展示的是民间舞蹈的结构、搬演环境、表现形式和程式。从空间文化层来分析民间舞蹈的结构，又可分解为"表层结构"和"深层结构"。表层结构指的是民间舞蹈表演中可见的物质性、动态性等的符号，

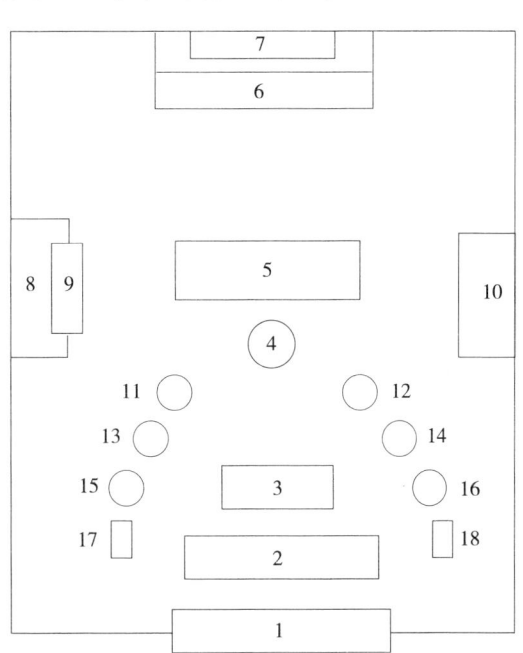

1 姚氏祠堂大门，2、5 天井，3、9 供桌，4 龙亭，
6 舞台，7 姚氏祖先牌位，8 迎神下架仪式区域，
10 储藏室，11、12、13、14 二十四孝伞，
15 万民伞，16 黄龙伞，17、18 兵器架

图 2-1 姚氏宗祠仪式区域示意图

---

[1] ［英］拉德克利夫 - 布朗（Alfred Radcliffe-Brown）．社会人类学方法 [M]．夏建中译．济南：山东人民出版社，1988 [1960]：140—141．

符号象征物具有指称、意味和记忆等功能。深层结构指的是民间舞蹈主体即特定民族群体的宗教观念、民俗信仰、民族心理和审美情趣等无形的意识形态，体现了该群体独特的宗教观、价值观和生命观。本章的目的，在于更多地透过贵池傩舞"空间文化层"之"表层结构"，寻得对其"结构"指标的完型把握，并以此为基础，顺理成章地了解贵池傩舞的功能。基于对"结构"的文化学认识，本章试图将思考的视点集中在如下侧面，以实现对贵池傩舞文化形态之基本构成的理性解读：

1. 仪式——作为环境成分，构成贵池傩舞结构的核心要素。分析它，便可把握贵池傩舞的整体特质。

2. 角色与面具——实为舞目的载体，构成文化功能的符号。分析它们，可以了解贵池傩舞文化方式之异同。

3. "年首"与"喊断"——仪式执行者，特殊地位的文化阐发者，分析他，等于发现了贵池傩舞的文化"领袖"；"喊断"，仪式的静态表达方式，认识它，就认识了贵池傩舞的基本涵义。

第一节　仪式：核心物

"从仪式与象征入手探讨社会与文化及其变迁，实在由于它们原本是人类思维与行动的本质体现然而却经常被视作当然甚至被视而不见地存在于现代社会与政治生活之中"[1]，贵池傩舞得以在现代社会存活，并在特定时间和空间背景下构成行为的"吞吐量"，确与思维与行为的本质相关。

贵池傩舞裹挟在傩仪当中，千百年来，始终严守"祖制"，恪行着特定的仪式规程。另一个相关因素是面具，既然标明"傩"的属性，面具自

---

[1] 郭于华主编.仪式与社会变迁[M].北京：社会科学文献出版社，2000：1.

当成为其基本构成因素，甚至某种程度上，傩之功能即是因之而起。

关于贵池傩事的举办时间，历时性地存在两种概念。一曰"一年一度"，即每年农历正月初七至十五，择日举行。此说法在王兆乾著作《在假面的背后：安徽贵池傩文化研究》和《安徽省申报第一批国家级非物质文化遗产代表作项目书·池州傩戏》中，都有明确的文字表述。一曰"一年两度"，即每年农历正月初七至十五举行的傩仪为"春祭"，八月十五前后数日为"秋祭"，并标明功能是"春祈年而秋报实"。此说却同样出自《安徽省申报第一批国家级非物质文化遗产代表作项目书·池州傩戏》的记载。但依据田野作业和对近十年实际状况的调查了解看，贵池当地每年真正形成传统和现实运行的，只有元宵节前后的"春祭"。

一、结构性仪式

1. 迎神下架。 傩神的面具称为"脸子"，贵池每年启动傩事程序和铺排仪式，都是从"迎神下架"开始的。其目的是将前一年傩事结束后封存的面具迎请出来，放置于龙床（亭），以此拉开每年傩仪的帷幕。

关于此事象，本人有真实的田野作业作为依据，可以证明贵池傩舞时下的发生状况：

考察案例及分析

时间：2006年2月4日（农历正月初七，立春）凌晨4:00—4:50

地点：贵池刘街乡荡里姚村姚氏宗祠

天气：晴

参与者：荡里姚村村民、傩社"年首"吴国胜，执事人（皆姚姓村民）若干。

仪式过程：

4:00，火铳燃放，成为召集执事和众人的号角，这是此事象之惯例。"年首"、执事众人（共八人）鱼贯到达姚家祠堂。我与夫人及贵池文化局几位随行文化专家一同旁观。

姚氏宗祠背东面西，呈一长方形构形，飞檐翘角的徽派建筑风格。其结构与设置为：自西向东，位于中轴线位置依次为大门、小天井、供桌、龙亭、大天井、舞台、姚氏祖先牌位；位于左侧的纵线自西向东依次排列着兵器架、万民伞、二十四孝伞，供桌和龙床（祭祀区）；位于右侧的西—东纵线依次排有兵器架、黄龙伞、二十四孝伞，两侧还排列有龙头杖、钺、金瓜、铜钱、顶子、日月牌，祠堂中部摆放着装满面具的龙亭，整个场面气势威仪华贵雍容。

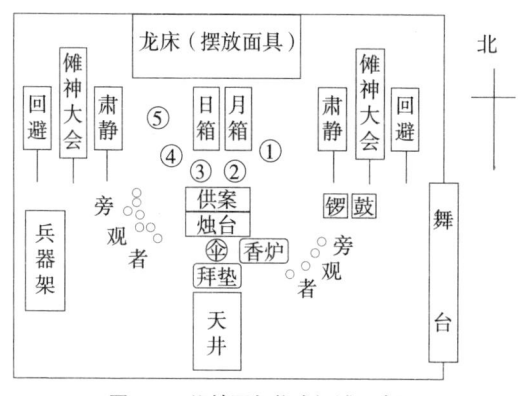

图 2-2 迎神下架仪式场域示意图

祠堂左侧为仪式铺排区域，列有一些重要用品，如龙床、面具、祭桌、烛台、肃静牌、回避牌、兵器架等。厅堂中心处，会首执"伞"和喊断；舞台左前方，是锣鼓班子的位置。兵器架上的物件有握笔的拳头、青龙偃月刀、双戟、蛇矛、矛、戟等武器，与"肃静""回避""傩神大会"等牌子，显得气氛威严。我们作为旁观者在外圈（天井附近）呈自然状态站立。

4:10，仪式进入准备阶段。首先，点燃稻草把子，执事人等纷纷上前举步迈过草把，并用火熏手；之后，用热水洗手，以祛除不洁，达到"净身"目的。这是逐除的规定程序。

4:20，仪式开始。五位姚姓执事小心翼翼地将面具箱从龙亭上抬下，放在长凳上。因二箱上分别有"日""月"字样，故当地人称之为"日月箱"，一名执事（村民姚新祥）用钥匙开箱。

4:22，吴会长双手执神伞，一边上下举伞，以接引神灵，一边转伞"喊断"。一喊众和，形成气场。"喊断"的内容是：

会长：都来呀！

众人：呵！

会长：新年上七接神明，

众人：呵！

会长：顶礼躬身品物亨，

众人：呵！

会长：庆贺良辰佳节景哪，

众人：呵！

会长：名成利就万年春喽！

众人：呵！

"喊断"后，爆竹声骤，锣鼓声喧。此时，武场面响起，作为乐器使用的仅两件响器，即大鼓和大锣（当地又名开锣），由两位姚姓村民掌管。整个程序，自始至终遵循着"（鼓）咚、咚咚，（锣）匡……"的节奏，无限反复。

接下来，吴会长再次"喊断"，断词包括：

会长：都来呀！

众人：呵！

会长：三杯御酒敬神灵，

众人：呵！

会长：保佑虾湖日月新，

众人：呵！

会长：堂上众神齐汇聚，

众人：呵！

会长：驱邪逐疫保安宁！

众人：呵！

会长：都来呀！

众人：呵！

会长：伞儿因何来得迟，

众人：呵！

会长：洛阳桥上耍多时，

众人：呵！

会长：手拿钥匙开金锁，

众人：呵！

会长：满堂菩萨笑眯眯！

众人：呵！

4:24，在"喊断"和锣鼓声中，执事们开箱；"喊断"一结束，他们才将"脸子"取出（"脸子"是前一年用红布仔细包裹放进箱子里的）。一名执事负责从箱中取出"脸子"，另外两人负责将每一个面具在香炉上熏一下，然后用药棉蘸白酒仔细擦拭面具的各个部位，再一人用毛巾擦干面具，第五个人负责将面具按固定位置安放于龙床之上。

龙床上的"脸子"摆放位置如下：

大和尚	武官	皇帝	文官	萧真女
二和尚	财神	皇母	文龙	孟姜女
三和尚	杞良	包公	土地	吉婆婆
大回子	宋中	关公	王大	梅香
二回子	杨兴	父老	王二	余娘子
赵虎	赵吏	童子	孙吏	张龙

面具的位置是有规矩的，不可任意放置，否则是对神明的大不敬，甚

至会招致不祥。仪式当中，会首"喊断"时常要看"台本"，执事们摆放面具也须不停地回眸位置图。从仪式呈现状态和村民的熟练程度可以看出，民间演剧的自由性和自娱性极强，而且参与者的心态并非是表演心态，而是以信仰和仪式为旨归的心态。若以审美标准来衡量其表现程度，其行为属性只能归为业余范畴。

4:42，"脸子"擦、摆停当，又起一轮"喊断"，断词为：

会长：都来呀！

众人：呵！

会长：祖宗传留数百年，

众人：呵！

会长：子孙遵守庆新年，

众人：呵！

会长：日渐暂且权息驾，

众人：呵！

会长：也来灯烓闹喧天！

众人：呵！

4:43，"喊断"一停，锣鼓骤然急促，成"急急风"节奏，爆竹声大作，会首上下舞伞，气氛猛然热烈起来。

4:44，日月箱置于龙床下，做一临时"处所"，将四周的幔布放下，神伞置于龙床右前。

4:45，摆供品。龙亭前供桌上摆放了"三牲盘"，盘中盛着生猪、生鸡、生鱼，上贴红纸剪成的吉祥图案或福字、寿字等。鸡、鱼都是整的，鸡尾上还留着长羽毛；猪则是头、两蹄和尾巴一根保留，象征着"从头到尾"的整猪。有香炉一只在焚香，还有米饭三碗，红色剪纸覆盖；还有三碗芝麻、大豆、茶叶、大米等供品，外加六杯白酒。香案前烛台上燃一排大号红烛，共10根。

4:46，祭神仪式。参与者在供桌、祭品前祭拜；村民自发参拜者众多，均为男子。年幼至十几岁，年长至五六十岁，纷纷前来上香、放炮、摆供。供品各家自由摆放，薄厚不一，即摆即撤。参拜程序为：人到桌前点燃香纸马、蜡烛和香，持香三鞠躬。将整把香放进香炉，跪在供桌前三叩首，燃放烟花爆竹（小挂鞭炮可在天井处燃放），众人后退。香案上，还隐约可见一幅尺寸不大地藏菩萨像，说明此地文化受到了佛教的渗透。

4:55，参与者陆续离开祠堂。

上述个案的铺陈，可以实在地佐证贵池傩舞生态环境的构成因素和功能意义。一般意义上，若是数村共用一堂面具，当年正月十五夜最后演出的村庄，便要以"坐堂"或"坐殿"的姿态，保管面具一年，来年还须由该村"迎神下架"。下架仪式后，关上面具箱，供奉香火，等候来年首演村庄的"迎神起驾"。

"迎神起驾"一般为中午或下午的行为，场面甚为隆重。上一年搬演的村庄，几乎全部男子出动。儿童组成由帅字旗、开道旗、蜈蚣旗、五色旗、飞虎旗等各色旗帜组成的彩旗队。同时，有开道锣、细乐队、响乐队、斧钺、瓜锤、肃静牌、回避牌、高灯、低灯、罗伞等项，簇拥着面具箱或神轿（龙亭）、五色神伞，一路铳炮走来！该仪仗，又称"銮驾"。所以迎神又称"启驾"。像很多传统民间歌舞的起始一样，傩舞搬演村与待演村每年都要在特定地方交接面具，届时，还有简单仪式——长者寒暄，以示和睦、吉祥。去年"坐堂"的村庄，须要敲锣打鼓、鸣鞭放铳相送。从正月初七开始到正月十五，一个傩神会要在几个村轮流举行仪式和演出，轮流至哪村，当天那村便去上轮演出的村庄启驾。

不难看出，贵池傩礼的"开篇"，带有鲜明的民俗信仰色彩，与原始宗教的"多神崇拜"一脉相承；其次，仪式的庄严、完整性标识了此种行为的文化属性——作为一种生命观念的反映，贵池傩事的地方特质和个别文化心态，都具有独立品格；再次，傩事参与者的心理诉求及其与现代社会的微妙关系，为文化的多元一体与共生共融提供了极好的注脚，也为我们对贵池傩舞生态系统的总体把握，提供一个可以测查的窗口。

2. 请阳神。这是贵池傩仪中各村必须执行的一个仪式环节。"阳神"者，"阳坛"诸神也，掌管祈年等阳间明事，其神祇跨越着释、道两教，同时也含姜子牙、申公豹、唐三藏、孙悟空等志怪传奇里的神圣，此举说明民间信仰的杂芜，多神崇拜的影响甚重。搬演前的傍晚，即晚饭前，村中鸣锣（或鸣铁）三遍为号，第三遍锣响后，各户奉献备好的"三牲盘"于面具神案前的长条桌上，另有酒、茶、香烛等；若是吃斋人家，可供糯米粑、发糕、黄花菜、木耳、香菇等。在锣鼓声中，所有男丁依次斟酒、礼拜。献供后，各户男丁和儿童各捧香一支，面向祠堂或会场大门，开始请阳神。由族中长辈或会首读《请神文告》，每当念至"一心拜访"，众人便叩拜、作揖，祈祷天地之神安宁和赐福。所请之神，都是天上、地下、人间的各路自然神或人文神，亦即贵池附近的山川、桥梁、庙宇、社坛、土地之神，还有各门伎艺之神（如清音童子、鼓板郎君等），以及曾为百姓做过贡献的人的神化物，有村落还把戏中角色（如孟姜女、刘文龙等）作为迎请之神对待。祷文读罢，立即撤供出门，以求当年大吉大利（此为缟溪曹村的说法）。请阳神也称"投词""投文"，因为有祭文宣读，表示本村已虔诚向神发出了邀请，故得此名。

3. 社坛起圣。在"请阳神"的同时，族长提灯引路，仪仗簇拥着面具箱（或"龙亭"）和不断转动的五色伞沿祖传小路静悄悄地前往本社社坛"起圣"，以迎接众神驾临。社坛，一般没有建筑存在，多为石块垒成，或以一石板、石臼、石碑代表，而且多设在祖田、水口、古树或山的附近，属于自然环境中之一物。值得注意的是，几乎所有的社坛都有一棵社树，树种以枫、榆、木樟、柏或白果树为主。为何如此呢？实际上，这里包含的是一种原始自然崇拜的心理内容：在当地人看来，树是接通人神的通道，是神祇下界的"出口"和回归天庭的"入口"，位置极其重要，因此必须做好有关此通道的一切行为，整个祭礼活动才能实现真正的功能。于是，"起圣"便成为了贵池傩事活动结构中的又一个重要因子。

傩队抵达社坛、社树之后，"起圣"仪式继续：首先，社坛献"三牲"，念"起圣"词；再烧香纸或祭词，叩拜。缟溪曹傩社还要戴上24个面具在村中"踩街"一遍，然后天地二神在社树下演《舞伞》和《舞古老钱》，取意"天地交，泰"。这时，面具箱或龙亭在抬箱人或轿夫的肩上抖动不已，表示神灵已从社树上降临本社。然后，铳炮齐鸣，锣鼓大作。众人迅疾跑回村子，所到之处，户户鞭炮相迎，以求神灵抚慰。最后，"起圣"队伍回归祠堂，将跃动的面具箱（或龙亭）抬上舞台。祠堂内，神伞在不停地舞动，预示着上苍神明的福音来临了。父老们打开面具箱，心手相连地传递着每一幅"脸子"至戏台一侧的"龙床"上。传递中，有人用崭新的毛巾蘸着热水，小心翼翼地拂拭一遍面具。一些村子还要在热水中加入檀香或柏木，也有的村庄用白酒擦拭。如前文的考察案例所述，"龙床"上的面具是按神的品位排列的，不得有误。有些特殊因素，需要单独处理，同样遵循一定的规矩。如演《钟馗捉小鬼》的村庄，则必须将小鬼面具脸朝下放；清溪乡的杨家坂，神堂正面只供奉二郎神、皇帝、关羽三枚面具，并且是竖放在神堂正中桌上的面具箱上，而回王的面具却被横放在旁边。此举是有特定含义的，长久以来，民间演剧中，"舞回回"带有极强的民族融合、四夷同贺的色彩。

"起圣"队伍经过时，各户门前燃一束稻草或竹枝，有的人家还在草上洒些醋。据老者说，此举是为了防止瘟疫。此风俗古已有之，先秦便有燃柴祭祀的习俗，据说这是远古先民"火"崇拜的延续，其作用在于祓除不祥。

4. **表演**。贯穿于贵池傩事活动全过程的表演，大致可分为三类：傩舞、傩戏和仪式性表演。一般的序列为：傩舞——傩戏——仪式性表演。以南边姚傩神会节目为例，他们仪式的内容包括：傩舞《舞伞》《打赤鸟》《舞回回》《魁星点斗》《舞财神》《舞古老钱》等。傩戏——《孟姜女哭倒万里长城》《刘文龙》《陈州放粮》，而傩戏的演出依日期而作"大演""小演"。一般情况下，正月十五因月亮为新年的首次满圆，故称"上元节"，要演全部戏文，取团圆吉祥之意，称"大演"；而正月初七的演出，就是有选择性的演剧，内容有别于正月十五，故称"小演"。仪式性表演，即含"新年斋""问土地""关公斩妖"等（其中"新年斋"穿插于正戏间进行）。必须强调的是，傩舞（戏）的所谓"表演"不是纯粹审美或艺术层面的东西，更多的是民俗、信仰、仪式和文化表达的意旨，是一种文化的代言，绝非单纯的演艺行为。需要说明的是，贵池傩舞和仪式性表演的基本内涵，本书将在后面的章节里专门论述；而傩戏的内容，不是本书的研究范畴，恕笔者不妄加推展，以免离题太远，造成不必要的歧义。

5. 送神。它是搬演傩戏的必要环节，傩舞即在其中。一般情况下，一村只演一夜；最后一个程序，才是驱邪逐疫。各村逐疫形式不一，有的关公驱疫，有的钟馗捉鬼，有的关索踏马，有的狮子扫台。例如，奁门刘逐疫称"圣帝登殿"，关羽受玉帝册封，命周仓舞大刀驱邪逐疫，周仓则下台在天井里舞刀，而南边姚正戏之后的周仓舞大刀则上了舞台。而且，两村均在舞大刀中，有人立刻跑步送神。南山刘的送神是社公执鞭打春，祈求来年风调雨顺、五谷丰登，社公念完祝愿后，便以"回家"为名，走向大门外。送神的人随社公同去社坛，在社坛，社公脱掉戏衣，将面具捧回。做傩事既要请神福佑，又恐众神恋栈不去，所以送神要"文诸武送"，强行送之。送神时，立刻打碎台上纸扎的"亮匾"[1]，不给众神留栖身之所。送神者只五六个人，锣声急骤，执火把和神伞飞奔出门，锣鼓紧跟，最后一人燃爆竹。纸伞是神灵依附之所，它代表着鬼神，正是要送之神。采取的方式，或边跑边撕碎，或在祠堂门外烧掉（太和章），或弃于河中（徐

---

[1] 神龛与灯彩相结合的产物。傩戏视戏剧演出为降神，每个戏剧角色都是请来的神（每个角色出场都烧香纸、放鞭炮，表示礼神）。神在殿堂里栖身于神龛，所以舞台上也设置神龛。湘西和贵州省的傩堂戏，戏台上的神龛用木板雕花，十分精致。贵池有些村庄则用纸扎、绘画。

村柯），表示疫疠已除。送神至社坛，念一段"送神社坛断"[1]，燃纸、放鞭后，众人禁声。"坐庄"的下一个村庄在固定的日期前来迎接。若是最后一场演出是在正月十五的村子，第二天还须"送神上架"。

6. 送神上架。正月十五演出的村庄，十六清早会由少数年长的执事带领，用酒擦净面具，同样的规矩是：依固定的摆位放进面具箱或龙亭，不得有误。值得注意的是，有些村子（如姚村）的面具在日月箱内的位置恰与在神案上的位置相反，品位高的神放在下面。据当地老乡说，此举大约是因为神灵回归天庭要按照品级的高低顺序动作的，这自然就要求皇帝、文相、包拯等在先，张龙、赵虎、小和尚、老杨在后。与凡间相同，神仙也一样遵从着"长幼有序""尊卑有别"的原则。

面具装箱后，参与者行简单的仪式；之后，面具被送上阁楼，拉上幔帐，从这时起至次年正月初六，面具便在该村"坐堂"（或称"坐殿"）。一年内，面具有专人管理，如同庙堂的神像，也接受外村人的烧香、许愿。愿望如果实现，就应还愿于神。当然，还愿者也可向傩神会赠送彩旗、行头、神伞、面具等物以代替之，但前提是只要心诚，心诚则灵。

7. 请三官。此项仪式并非所有村庄都有，而是仅属于刘街乡姚村大社傩神会请神时的行为。它一般被安排在"请阳神"之后，形式与请阳神相同，只是增加一段"请三官词"。据姚村傩神会执事姚秉锜整理的《贵池姚村傩戏》（油印本，1987编）记载，"请三官词"的内容大体包括：

伏以

神通浩浩，圣德昭昭，谨运真香，虔诚拜：拜请太上三元三品三官大帝，家奉长生香火，满堂列位高尊。请神安位，茶酒开壶上献：茶酒初献，亚献，三献。三献已毕，理不再斟。令有口词谨当宣读：

---

[1] 姚村的"送神社坛断"为四句四言诗："青山隐隐，绿水沉沉，伞儿收去，待等来春。"

今据大△国¹江南池州府贵池县开元乡²元二保³姚村大社居住奉神信士弟子△△合门人等，照依常规迎请太上三元三品三官大帝监看戏文，自监看以后，祈保家门清吉，人口平安，男臻百福，女纳千祥。老者精神康泰，少者寿命延长，孩童种天花麻痘稀稀朗朗，个个均匀隐薄过，关煞消除。再保弟子耕种田地山场，春来一粒下地，秋来万担归仓，红花大熟，百倍全收。再保弟子读书者小考场场得胜，大考金榜标名，求官及第，告老还乡。再保弟子出外营谋生意，开张铺事，一钱为本，万钱为利，空手出去，满载回归。再保弟子在家应当门户，大事则散，小事则休⁴。官非口舌，谈（淡）散消除。再保弟子看养六畜，成群长旺，长旺成群。豺狼虎豹，狐狸毛狗，远去他方。再保弟子下红莲火烛，高来高过，满天飞散，低来低过，凑（就）地埋藏。凡百事等，总赖神祇阴中保佑，暗地扶持。神圣总明，不敢多言再奏。来有香烟奉请，去有纸锞钱财。钱财虽少，火化成多。多则多分，少则少漂。请安神位，今夜监看戏文，敢不奉送。

所谓"三官"，即道教的天官、地官和水官。三官信仰源于对天地水的自然崇拜，与原始的巫傩信仰有关，亦与中国的农耕文明有着千丝万缕的联系。

从"请词"内容分析，此行为不外乎三方面含义：一、祈福禳灾，企望神明保佑诸事平安、苍生幸甚、万民有序。二、以歌舞、演剧事神、娱神，以求福纳吉；同时，也赋予搬演行为以仪式功能，使其文化定位和品格愈发清晰、准确。三、"多元一体"的宗教观与客观务实的对待。传统

---

1 大△国：现存较早的抄本此处写作"大清国"，也有抄本作"大民国"，当是辛亥革命后随时代变迁所改。
2 开元乡，明清时代的乡名，范围包括今刘街、潘桥、解放等乡镇。
3 保，是旧社会保甲制度的基层行政机构，下设甲。开元乡分元一、元二、元三、元四等保。
4 这里所谓的大事和小事，指灾祸之事，犹如俗语所说："大事化小，小事化了。"

中国社会是一个遵循文化有用性的社会，一切价值和精神都未能从终极意义上摆脱现实层面的"务实"理念和可操作原则，在民间，信仰与宗教亦然。当我们行走在青藏高原腹地，为那般清真寺屋顶尖塔上竖一个"十字架"造型而大惑不解时，中原内陆早已高擎起儒释道共融的大旗，为四方文明的和谐相处高歌万年了！中华文明的兼容性，使一切成为可能和现实。贵池傩事同样无法躲避这样的文明归程。至于"请三官"仪式的来源，并无确切记载，更无准确的考证过程，只是有人推测它"也许因为该村某一代的家长信奉道教，也许因为遇有难事，曾在道观中求神许愿，也许出于对三教众神不偏不倚、有神必敬的心态"[1]。

8. **吃邀台**。搬演活动结束，面具收箱后，所有仪式参与者有一个聚餐，名曰"吃邀台"。贵池傩戏的"吃邀台"，状况多样。以前，傩事旺盛时，许多村子在演出中间"吃邀台"，并以它为上下半场的分界线；如今，一些村是在演出结束之后"吃邀台"，如笔者考察的荡里姚村等，当然，也有一些村保持了传统，如缟溪曹、岸门刘、太和章等，"吃邀台"之后继续演出下半夜的内容。"吃邀台"或在祠堂，或在村公所，并无专人烹调，参与者们自带酒菜，欢歌狂饮一番。

二、表演性仪式

另一个必须单独强调和特殊分析的环节，即是"仪式性表演"（或曰"表演性仪式"）。言其单独，在于它们是整个贵池傩事活动中的特殊成分，是界于仪式和表演之间的文化形态，属性有别于其他生态项；言其特殊，在于对它的分析只能从文化分析入手，不能采用单纯的艺术分析的原则，因为它包含的成分超出了艺术的界限。因此必须将其单独分出来，作为一个特别的部分加以对待。

---

[1] 何根海，王兆乾. 在假面的背后：安徽贵池傩文化研究［M］. 合肥：安徽大学出版社，2000：36.

1. 新年斋。 贵池傩事中有一个延请僧道斋醮的仪式，从形制上看，它基本上是模仿九华山佛事活动的形式而做的，这就是"新年斋"。佛、道两教行祭祀仪式之前，信徒必须洁身沐浴、节制行为和饮食以表虔诚，并将其进一步仪式化，设斋打醮，为人家祈祷、超度。"新年斋"就是以灵魂附体的观念和方式模拟佛事的斋醮，其中暗含了用仪式祓除灾祸之目的。从形态上看，该仪式程序性强，有相当长的请神词要吟咏，腔调介于唱、念之间，且不断重复，内容上唱尽天下佛、道诸神和贵池一带大小神祇。

这里，我们以刘街乡荡里姚村2006年正月初七晚间的"新年斋"仪式为例，做一田野考察的个案分析：

考察案例及分析

21:25，"新年斋"启动。

舞台中央摆一祭桌，大红台布上绣有吉祥图案。桌子两边有两支烛台，点了两支大红蜡烛，三只香炉内檀香袅袅，"武场面"（打击乐）——大钹、小钹、大鼓、小锣震耳欲聋。节奏型为：×× | ××× |

鼓乐声中，三名假面和尚（各村不同，有的四名，有的只一名），一师两徒，合掌出台。师傅手持金刚铃，一徒弟手持木鱼，另一个双手合十，依次紧随着登台。面具方面，师傅戴全脸（面具全部盖住面部），二徒弟戴半脸（面具斜在前额上方，露出脸的下部、嘴，以便于演唱）。三人行至台中，在锣鼓伴奏下，行鞠躬礼三次，大锣在三人躬身下拜时打响。至祭桌前，师傅以右手弹酒三次作为祭礼，祭罢，口诵"南无西方极乐世界一切诸大菩萨摩诃萨"，三人行下蹲礼，蹲的动作大且深，典型动作上时小锣加重一击，以增加气势。三名假面和尚（有的村庄四名，有的只一名），一名师傅，两名徒弟，合掌出台。

接下来念（小锣一击）：

南无十方三界一切诸大菩萨　摩诃萨
南无三元三品三官大帝一切诸大菩萨　摩诃萨
南无十方三界一切诸大菩萨　摩诃萨
南无四大佛圣地表名不尽一切诸大菩萨　摩诃萨
南无本境堂上二十四一切诸大菩萨　摩诃萨
南无虚空过往一切诸大菩萨　摩诃萨

之后，拜请五方神灵。师傅振铎，徒弟敲木鱼，板鼓碎打着。每一段间锣鼓间奏一次。师傅唱：

拜请东方青世界，阿弥陀佛佛如来，东方甲乙木世界，我今特请上莲台，会莲台，会莲台上降福来。

拜请南方赤世界，阿弥陀佛佛如来，南方丙丁火世界，我今特请上莲台，会莲台，会莲台上降福来。

…………

下面换一种调子唱、念：

南无香才供，炉焚宝鼎中，梅潭沉乳真堪供，香烟缭绕莲花洞，诸佛菩萨下天宫，清凉山罗汉纳受香斋供，南无香云盖，菩萨菩萨摩诃萨。（锣鼓间奏，三人绕场一周）

南无花溪水，一派向东流，观音瓶内除灾咎，醍醐灌顶涤尘垢，杨枝洒净中甘露，自有琼浆透，南无清凉山菩萨摩诃萨。（锣鼓间奏，三人绕场一周）

南无花献供，文殊共普贤，牡丹芍药真堪美，花开花谢并金

莲，南无花献供，菩萨菩萨摩诃萨。（锣鼓间奏，三人绕场一周）

接下来，师傅念：

伏以

神通浩浩，圣德昭昭，今年今月今日今时，炉焚信香，一心拜请：（锣鼓）

唱念：拜请秀山祖殿文孝昭明圣帝，都督大王，左右两班，一切诸神，表名不尽，普降来临。（锣鼓）

唱念：再运真香，一心拜请，拜请池州府府主城隍，贵池县县主城隍，本府城楼观世音菩萨，府县衙司，土地之神，清溪水口水府之神，池阳各庙有叩明神，表名不尽，普降来临。（锣鼓）

唱念：再运真香，一心拜请，拜请……

接下来，无数次的重复，用着相同的调子唱念，显得单调，唱、念交加地将贵池诸神请遍了；而且，每段都以"再运真香，一心拜请"开头，以"表名不尽，普降来临"结束。接着，下台，摘面具，熏香，放回龙床。"新年斋"结束，耗时50分钟。有材料显示，"做新年斋时，有的村庄如南山刘，在三个和尚念唱请神词快结束时，围观者一哄而上，将案上的米粑（称斋粑）抢光，抢得者回家与家人分吃，据说会消灾纳福。姚街的'新年斋'则由扮老和尚的演员将斋粑抛撒向人群"[1]。从该环节所占的时间份额看，这个仪式在整个傩礼当中地位非同一般。

2."打社公"和"舞土地"。

"打社公"，又名"十五日问社公"。社公，即社神，其地位高土地公

---

[1] 何根海，王兆乾.在假面的背后：安徽贵池傩文化研究[M].合肥：安徽大学出版社，2000：110.

公一级。在贵池，祭社公仪式主要保存在刘姓家族。"起圣"时，社公面具被捧至社坛，傩戏演罢，人们还要举行"打社公"仪式。社公鞭打春牛，渊源甚早，其功能是官方通过仪式对农民"劝耕"的古老迎春仪式，称为"鞭春"。《礼记·月令》云："季冬之月……命有司大难（傩）旁磔，出土牛，以送寒气。"牛是春耕的象征，"打春牛"即是宣告一年农耕的开始。关于此事，《后汉书·礼仪志》《东京梦华录》皆有记载。说明此仪式历经宫廷和民间的变化，作为正式行为传承了相当长的历史时期，最终形成了一种民俗事象，在当代社会中继续发挥着功能。当然在历史迁延中，"春牛"也经历了泥牛、耕牛的不同种类的变迁，这就为假型牛的出现提供了条件；同时，"牛"的"神气"也在时间流程中日益飘散，从仪式对象向民间工艺品转化，但"迎春劝耕，预祝丰收"的含义依然延续，贵池"傩文化圈"中的刘姓傩仪承继此传统，符合文化传播的历史和逻辑。所异者，以社公代替官员劝耕，并无史载。笔者在考察中了解到，此行为与"大难（傩）"相关，在傩仪环境中，社公或傩公是本社坛的直接"长官"，履行驱邪禳灾、祈福纳吉的"职业"功能，以他来顶替其他身份人员的职能是天经地义的事。这是当地民众的基本认识。而"打社公"的"打"，则是个古老的用法，带有"扮演"之意。刘姓傩仪中的"打社公"放置在傩戏《刘文龙》"团圆"一折之后，内容是"会首"领全村民众与社公对话，祈求社公降福于本村，社公挥鞭四次击向空中，口念"一打风调雨顺，二打国泰民安，三打满门吉庆，四打五谷丰登"祝词，并在黎明之际折返天庭。此仪式的傩文化属性鲜明，内容亦相当古朴，以此来界定贵池傩事的原始意味和"活化石"意义，颇具说服力。

"舞土地"是姚姓的"专有"仪式，又称"问土地"。此仪式的主神是低社公一级的土地公公。荡里姚村的"舞土地"是正月十五傩仪的"重头戏"。下面是笔者2006年正月十五晚间的考察记录：

考察案例及分析

23:20，进入"舞土地"环节……

仪式开始之前，一姚姓执事（姚红光）举一把燃香分发给在场众人，每人一支；三牲盘、香纸马置于供桌上，全体人等准备虔诚敬神，表情庄重肃穆，锣鼓班子也严整谨慎起来，因为要占卜全村人一年的运道与吉凶祸福，连村干部也到场"观阵"了！

锣鼓声紧，渐渐又缓和下来，继而鞭炮声起。土地公公白须垂胸，戴"土地"面具，着黄色长袍，手拄龙头拐杖，健步登台，至台中鞠躬行礼；再转身至台后中央"投袖（水袖）"，站定。之后，"喊断"、舞蹈、人神对话。"会首"率各户家长捧香跪于土地神前，由"会首"提出十个问题，内容涉及村民的基本利益等，诸如人口、读书、务农、工匠、商业、天花、丝蚕、六畜、火盗、傩戏等，土地公公一一作答，以呈物阜年丰、六业兴旺之态。如：

"会首"问：

老土地公公在上，姚街阖门人等，新春以来，求问人口一事。

土地答：

人人清吉，个个平安，老者颜如童少，又加福寿，而添康泰，少者似海水长流，又得名利，而招喜财，男增百福，女纳千祥，一年十二月，月月保平安，一日十二时，时时多吉庆，天上五星来送福，人间九曜去除灾。

"打社公"与"舞土地"，作为一个重要的仪式过程，实现的是"政令"的转移功能，而将它渗透于民间信仰和民俗之中，随着信仰和观念的介入而"润物无声"，实在是一种巧妙的安排，更是一种使政令畅通的有效模式。正月十五的傩戏演完，问罢社公或土地，"过年"的程序才真正结束，新的劳作才能开始。

3."三星（或五星）拱照"。这是一个体现神仙崇拜的民间信仰的傩舞仪式，在贵池，它一般存在于刘街乡姚姓家族的南边姚五个村庄，往往在正戏演出之前搬演之。其开场是三个戴面具的舞者搬演福禄寿三星，穿戴呈古代官员、富豪状，出场的行动和目的只是铺陈为村人祈福的简单仪式。躲避灾祸、祈求平安幸福，是中国民间最基本的生命信念，远古的人类思维往往将这种意念寄托于上苍或神灵，因而产生了神仙崇拜意识的行为。三星崇拜即是此意，后来，这种观念日益得到伸张，在三星之外又加上财、喜二神，便发展出了五星崇拜，亦即"五星拱照"的仪式。

2006年正月十五，笔者在荡里姚亲历了村民搬演"五星会"（即"五星拱照"）的全过程，其基本风貌如是：

考察案例及分析

19:58，五星会开始。

首先出场的是喜星，他戴白面具，着红袍，手捧官印，稳步登台；接着，黑面、黑地彩袍、手捧金元宝的财星出场；随后，依次是白面长髯、白地绣龙袍、手执笏板的禄星，戴土地面具、着黄袍、执龙头拐杖的寿星和戴帝面、着黄袍、抱笏板的福星出台。诸神相约而至，交叉换位、相互礼让着，动作遵循的是 ×××× | 或 ××.× | 的节奏型，最后呈财、禄、福、喜、寿的顺序在台后部列成一横排。福星吟唱"开场诗"：

炮竹声中一岁除，春风送暖入屠苏；
千门万户曈曈日，总把新桃换旧符。

接下来，五星自报家门：

（福星）吾乃福星是也

（禄星）吾乃禄星是也

（寿星）吾乃寿星是也

（财星）吾乃财星是也

（喜星）吾乃喜星是也

五星念白富于歌唱性，韵味十足，还有拖腔和音高的变化，主要体现在"乃""星""是也"等字的处理上。接下来，福星又念白道：

云头观见姚街村中香烟缭绕，灯火辉煌，不免邀同诸位仙兄前去走一遭也。

念白之后，五星缓步走圆场，呈上述队形排列，站在凳上，很显然，五星对应了阴阳五行的观念。福星高居中央戊己土，财星对应北方壬癸水，喜星对应南方丙丁火，寿星对应东方甲乙木，禄星对应西方庚辛金。五方、五行、五色、五音，在此都有了鲜明的表达，中国传统阴阳学说的精髓同样在仪式细节中得到了明确的呈现。

紧锣密鼓后，五星渐次地独唱一段高腔，鞭炮齐鸣。唱词较文雅，大约是受青阳腔[1]影响所致。以福星为例：

福星唱：

福自天申，如月恒兮如日异，气秉乾坤到，治乐唐虞舜，福星降子辰。万家春，富贵康宁膝下儿孙盛，降福解元结福升。

---

[1] 青阳腔流入民间，与民俗相结合，形成业余性质的演唱组织，常为村民家举办喜事时演唱一些大戏中具有吉祥含意的片断，如结婚时唱《撒帐》《张仙送子》，老人寿辰演唱《郭子仪上寿》《张公艺百忍》，盖新房演唱《观门楼》等，称"围鼓"。

五星唱罢，魁星登台"点斗"（本书其他章节已述）。当魁星做"点斗"动作时，福星念诵：

一点风调雨顺，二点五谷丰登，三点万事如意。

"点斗"后的魁星碎步跑至五星前呈高擎笔、斗状，福星继续唱：

万福攸同，三阳开泰喜相逢，会上连科中，贵子张仙送，五星下天宫，贺年丰，如变时容，永想太和颂，须在皇恩雨露中，须在皇恩雨露中。

此段后半部为大齐唱，五星同众人共同呈现之。接下来，大家一起唱、念一番：

我今降福消灾去，回奏天庭拜玉阶。

魁星碎步前行，五星依顺序，"圆场"、行礼，步伐稳健，绕台两周从下场门下。"五星拱照"结束。

显然，此仪式充满中国传统"阴阳五行"学说的合理内核，足见傩文化与道教文化关系之密切；同时，五星崇拜与古老的占星术相关，在吉凶卜卦的环节里，傩文化之"驱邪、纳吉、祈福"的本体功能得到了极大的张扬。

4. 关公斩妖。本仪式又名"圣帝登殿"（殷村姚）、"煞关"（缟溪曹）、"关公舞大刀"（邱村柯）、"捉鬼端马"（黄山叶）、"赶刚"（清溪乡张村汪）。形式虽各村不同，但请关羽的神灵前来驱邪捉妖，却是共同的内容。一般都把它放在傩戏搬演的尾部举行。笔者2006年正月十五所见的荡里

姚村的"关公登殿",情形如下:

考察案例及分析

舞台中后区(接近5点处)放置一把太师椅,两侧各放一条长凳。台前右方安置了一红布密裹的"余娘子"(鬼怪或鲍三娘的化身)面具。

10:18,"圣帝登殿"仪式起。

锣鼓声急促,周仓、关平一前一后出场,绕场一周至台中后区,各自登上一条长凳(成"八"字型摆放)站定。关公出场,直上桌(位于台中后,二长凳之间),坐定太师椅。

关公戴红脸,五绺长髯,红布包头,着彩袍;周仓黑脸,红包头,红裤绣花上衣,手持青龙偃月刀;关平白脸,红袍红包头,手捧官印。不同者,关公、周仓戴半脸(面具在前额处),关平则戴满脸。

会首"喊断",众人应和:

都来呀!呵!
吾观姚街气象新,呵!
衣冠整整共迎神,呵!
满村吉庆从天降,呵!
福寿康宁乐太平。呵!

关公白:本爵大汉汉寿亭侯是也,今乃新正十五,云头观见姚街村中香烟已久,灯烛辉煌,周将!

周白:有!

关公白:汝可向前驱邪逐疫共享清平。

周白:得令!

锣鼓急骤,周仓下凳,提刀按掌,大步圆场两周,至上场门(近4点处)站定,开始"四方驱鬼",一处劈刀三下,锣鼓辅助之。再分别于6,

8，2点处劈刀三次，砍杀毕，至台中舞大刀花，锣鼓声紧，众人呐喊助威，一阵舞动后，圆场跑至桌前。

会首再"喊断"，众人应和：

都来呀！呵！
关公生得面面红，呵！
三牙美髯白松松，呵！
胜如君王龙虎斗，呵！
当与赵公（即财神）战一场。呵！

乐起，一独角鬼（戴面具者）跃入场中，右手执鞭、左手执盾（"古钱"样），周仓持刀在五个方位上追杀之，每处三刀，最后定格于"刀砍盾"造型。

"喊断"又起，众人应和：

都来呀！呵！
关公春秋重仁义，呵！
至今仁义赛乾坤，呵！
手执青龙长又吼，呵！
黎民永乐太平春。呵！

独角鬼败阵至上场门蹲下，表明臣服。又蹿上场一双角鬼，执双刀与周仓大战，程序同上，最后定格于"双刀招架青龙"造型。

再"喊断"，众人应和：

都来呀！呵！

关公忠义赛乾坤，呵！
至今赫赫显威灵，呵！
驱邪逐疫皆吉庆，呵！
斩尽妖魔鬼怪精。呵！

双角鬼臣服，与独角鬼同隅一处，周仓雀跃，重复"舞四方"动作，归至台中时刀花舞至癫狂状态。乐声止，舞刀减速。

最后一次"喊断"，众人应和：

都来呀！呵！
关公生得要，呵！
手握钢刀一把，呵！
天下妖精都斩尽，呵！
当把余娘子剁成鱼乍。呵！

10:23，"送祟"，即将妖魔鬼怪送出祠堂。

锣鼓起，周仓在"余娘子"面具上砍杀一下，放下大刀，拿起面具，跳下舞台。顿时，人声鼎沸，鞭炮大作，三神驱着三鬼冲出祠堂，众人叩头，恭送神鬼。周仓将余娘子面具送出祠堂50米处的水池处放下，一执事燃纸、祭酒，举行仪式。

10:26，仪式结束。全程八九分钟。

仪式时间虽短，但却是贵池傩仪不可或缺的核心内容，其祭祀功能无法替代。而在这个祭祀仪式当中，"逐除禳灾"之旨又成为其核心中之核心。从形态上看，其逐除过程与表现方式很大程度上类似于古代大傩方相氏及十二伥子驱逐恶鬼的方式，这亦符合傩文化纵向流变的历史和表征。

所以才有学者认为,"关公斩妖"现象是古傩逐疫形式的蜕变[1]。笔者同意此观点。

这是一段精彩的傩舞,也是一出相对完型、以武打和舞蹈为主的戏剧。尽管舞蹈者的显要动作部位特征大都属于舞蹈与戏曲的"边缘"状态,但舞动的傩文化涵义鲜明,这也从形态角度佐证了它的仪式性。

奄门刘的"圣帝登殿",是意义上的"逐疫"与形式上的"戏曲"结合的产物,几乎就是一个完整的傩戏作品了。只是刘村的"关公故事"被移上了天庭,意为:关羽忽接玉帝圣旨,册封他为"伏魔大帝",命其降妖护民。于是,他便率领关平、周仓登场,命周仓舞刀降妖。周仓从舞台舞到祠堂的天井,在天井的四角,四名村民燃起四支火炬,执事燃放鞭炮,周仓在其中尽情舞刀。此举完全类同于"十二侲子索室逐疫"的基本状态和内核。

5. 放河灯

"放河灯"原本是一种送瘟神的仪式,大约起始于佛教的盂兰盆会,南北朝梁武帝萧衍时期盛行。贵池傩戏中的"放河灯"送瘟神,仅刘街乡的南山刘在演出《孟姜女》"过湘江"一折时插入之。大体做法是:这场戏一演完,众人悄声熄火,手捧事先扎制的纸船(船长约80厘米),纸船里安放着孟姜女的牌位,随会首立即到河边。到河边后,会首一声号令,火把齐燃,锣鼓敲响,鞭炮齐鸣。扎成船形的河灯,燃着灯烛后被放入河水中,随波逐流,表示瘟神也乘船远去了。此举别开生面,既表达了戏剧情境,又体现了傩祭仪式的功能特性,更谴责了暴政和徭役造成的苦难。由此看来,原有的傩仪含义已经发展出新的内容,不仅是"驱除疫疠",连社会矛盾也演变成了"被除"的对象。"傩"的意义的确被历史和时代扩大了!

总之,仪式作为贵池傩舞的核心物之一,构成了村民信仰的主体要

---

1 何根海,王兆乾.在假面的背后:安徽贵池傩文化研究[M].合肥:安徽大学出版社,2000:116.

素，更构成了贵池傩舞这一文化事象生成的综合环境。作为"草根社会"的基本因素，它与文化空间、宗族社会一道共建了文化的立场与构成，使得一种文化得以在某一时空中流行、传承，形成传统和特征，并随着时间的更迭，渐渐地进入文化标志的行列，成为令人敬仰的文化符号，从而使民间与官方、行政空间与地域崇拜之间的关联日益显现出完整的印痕，使文明成为一种跨越历史的力量。这，便是仪式对贵池傩舞的"导向"作用。

第二节　角色—面具：符号意义

符号论是一种将人的感觉、表象看成与客观实在没有任何相似之处的记号、符号或象形文字的理论。二十世纪初，皮尔士和索绪尔等构建了"符号学"的学科系统，并促使现代语言学的观念渗透到人文研究的诸多领域和范畴。在人类学视野中，文化符号学是一种确凿的理论模式，它的产生得益于索绪尔语言学的理论奠基。在索氏看来，"与其说把连续性作为本质的文化以前的自然状态，通过非连续性的关系网目向文化状态过渡，莫如说把非连续性作为本质的关系体系本身就是文化，自然被'分化'为'差异的体系'"。而"语言的否定性与形象性取决于该体系中同时存在的其它各项语言符号，这样才能划定每个词表达的境界。简单地说，一句话中的词 A 和没有在这句话里出现而又与之相关的词非 A 之间形成对比，A 才能成其为 A"[1]。就像玫瑰，因为有了丁香、月季或其他花卉的别的符号存在，相对于它们，玫瑰才能称其为玫瑰。

本书并无展开运用文化符号学的旨趣，只是借用一下"符号"的概

---

[1] [日]绫部恒雄编.文化人类学的十五种理论[M].周星等译，北京：国际文化出版公司，1988：166.

念，进一步申说贵池傩舞综合环境类项间的文化关系，试图在场域的范畴中揭示研究对象的文化特异性。这也符合舞蹈生态学的观点，任何舞蹈既是舞者的创造，又是环境的产物，这便构成了该舞蹈的文化特异性。贵池傩舞同样具备这种属性，从这个角度切入对其本质的研究，意义重大。

概观贵池傩舞诸构成因素，"角色"最具本质特征，因为它包含了傩舞作为"草根文化"的基本功能。而直接与它相关的因素，即是面具，因为它包含了贵池傩舞的所有"符号"特性。从某种意义上说，贵池傩舞作为文化形态的符号性特质，是通过面具实现的。

一、角色与面具的个案考察

舞蹈文化人类学的"田野考察"，作为一种理论方法，最大限度地弥补了以往舞蹈学研究材料体系的缺憾，让真实可感、确凿可信的"活材料"真正呈现于目前，这种学术方式的尚佳之处，就在于可以面对一切虚幻或模糊的理论建构，对以往不可认同或无法言之凿凿的结论或理论亮起红灯；同时，此种研究方法注重细节的时空把握，这就为全息性的理论表述和完型的观念架构提供了可能性。基于此种认识，我们下面的理性铺排依然采用个案考察与分析的方法，以期实现对问题的"从个别到一般""从细节到整体"的全面认识和宏观研究。

鉴于此，角色与面具的分析仍然从微观入手：

考察案例及分析

时间：2005 年 2 月 22 日（农历正月十四）

地点：茅坦乡山湖村

天气：晴

内容：山湖村 2005 年《踩马》

同行人员：笔者和同事梁力生、茅慧，学生陈琳琳。

基本程序：

因路况问题及向导的方向性错误，我们耽搁了时间，于上午10:46才抵达茅坦乡山湖村。走进山湖村祠堂时，看见该村傩会中的长辈两三人一组，分别在为四名14岁的男孩穿服装，戴竹马（假形）。

10:58，化妆完毕，人们簇拥着四名男孩走到祠堂外的空

图2-3 踩地马

场中，伴奏的武场（乐队）早已在那里恭候多时。本村的乐器包括：大鼓一面、小钹一对、云锣一面、手提大锣一面、海锣三面。

11:00，执事们（中年男子若干）请出面具，分别为四名男孩戴上。在四名男孩戴面具的同时，我们逐一追问他们，"你扮演的是什么人物？"听到了一个有趣的回答：黄脸子为吕布，带髯红脸子为关羽，女性红脸子为貂蝉，黑脸子为张飞。我有些疑惑，直觉和知识储备告诉我，这种说法未必准确，因为这四个人物根本无法构成一个完整的历史故事，很难有扮演的必要性存在。

事实上，这里扮演的是在民间傩仪中颇具分量的"关索戏"，其本事就是关索与鲍三娘的故事。关于此事，各种材料和说法甚多，但笔者仍然赞同其为"关索与鲍三娘"故事，一个根本理由，在于关索戏是古往今来的巫傩传统，贵池作为楚地遗韵之所在，多少年来始终承接着傩文化的香火，关索戏在此地自然会留下不灭的种子。况且王兆乾先生的研究成果也可以充分证明这种论断的准确意义，他对明成化本《说唱词话》中《花关索出身传》的研究足以给我们支撑了。

男孩们戴上脸子后，随即在鼓位的右方站成一排（如下所示），从此，他们便成了"神仙"：

○鼓位

　　○黑脸子（鲍龙）
　　○带髯红脸子（鲍虎）
　　○女性红脸子（鲍三娘）
　　○黄脸子（关索）

图 2-4

11:05，一青年男子振臂挥赶场内围观的人群，意在让众人腾出表演场地。

11:07，鼓声响起，四名男孩开始舞动，村民们同时在放鞭炮。方位呈下列状态：

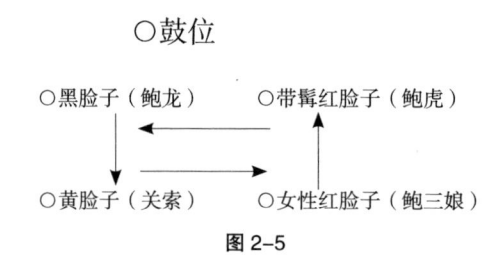

○鼓位

○黑脸子（鲍龙）　　○带髯红脸子（鲍虎）

○黄脸子（关索）　　○女性红脸子（鲍三娘）

图 2-5

四位神仙在大鼓的前方，站成四方形。手里分别拿着一面红色小旗，先在四个角的位置跳。在原地先按逆时针方向转圈，然后顺时针方向转圈；而后，四神分别伸左手向中间靠拢，反复两次后，四人按逆时针方向换位置，还是在四角的位置。舞一段后，四人在鼓位的右边站成一排，随即又站成方阵。并按逆时针方向转换位置，每在一个位置上，分别朝两个方向做微微下蹲的动作三次。如此换到第五次，四人又回到原位。随后，四人又在鼓位的左方站成一排，随即再站回方阵的队形，然后按顺时针方向转换位置，动作和逆时针转换时一样。再次转回到原来的位置时，又转换队形，以关索绕"8"字形构图为主。

11:12，舞回原地，卸面具。

11:16，开始串村。串村的队伍浩浩荡荡，场面中领头的是小镲，后面依次跟的是云锣一面、手提大锣一面、海锣两面（分别由两个人挑着）、旗一面、捧香炉者、两人抬小木箱（盛放脸子）、两人抬大木箱（盛放狮子）、华盖一顶、旗一面、鲍龙、鲍虎、关索、鲍三娘、大鼓、海锣一面，随行村民若干。当队伍走到每户村民的门口时，各家各户鞭炮齐鸣，四神抖马答谢。我们一边追着队伍跑，一边和一名当地的中年男子聊天，想了解一下"串村"的规矩，他说，"串村的路线每年都是固定的，只绕在祖上有过联姻的村子"。

11:28，到了另一个场子，四名男孩开始戴脸子。戴脸子时，锣鼓声不断。场子旁早已摆好了一张小桌，桌上香炉早已香烟缭绕。香炉旁边摆放的供品有咸鱼、腊肉、红鸡蛋等物，这些供品是该村村民上供的礼品，供完仍拿回家使用。供桌旁有一小块残破的石碑，据说此地原是一个庙宇，时间久远已破败成为遗址。一位40岁左右的当地男子告诉我们，"在这儿跳，是因为以前在此居住的唐姓人家曾出过钱，为了答谢这户人家留下了的传统"。

11:33，四神开始舞蹈，动作和前述一样。

11:38，舞毕，再度串村。

11:52，停在另一个唐姓村庄的场子上。请出"脸子"，四神戴上。此处有一石狮子，旁边立一块小石碑，碑上刻有"雍正拾贰年"字样。一张供桌，香炉和供品俱已齐备。在此处请出大木箱子中的狮子，放在石狮子旁，此处就是本次出圣的最后一个点——家庙，也就是落圣的地点。

12:02，我们一行人在贵池文化局干部吴成道先生的带领下，来到了山湖村新屋唐的执事（实际上他即是该村的"会首"）唐茂华家。造访的目的，是向他了解贵池傩的相关情况。下面，是我们的采访摘录：

采访

问：白天"踩地马"和晚上"高跷马"的脸子一样吗？

答：一样，就是鲍龙、鲍虎、鲍三娘和花关索。

问：它们的功能有什么不同吗？

答：大致一样。唯一的区别是白天"踩地马"是起圣，晚上的功能是"踩正马"，在哪村跳就落在哪儿。正月十四、十五这两天的行为叫出圣。

问：你们这里是初六凌晨"下架"吗？

答：是正月初七凌晨3:00"下架"。

我是执事，我家祖祖辈辈都是执事，最小的是我，我也六十了。他们那些大的都已经八九十岁了。

问：他们（指串村队伍）是每个村子都走吗？

答：不是，这有一个祭祀圈。必须在这个祭祀圈内，其他地方是不到的。

问：他们跳的地方有说法吗？都是什么说法？

答：有规定，有规定……

但最终，唐执事还是没说清楚这规定到底是什么。事实上，根据我们的考察和相关资料印证，所谓"规定"就是唐姓本族诸村落之间的"串村"仪式，是傩事活动必须进行的一个程序。

下午，我们蛰居一乡间食馆，喝茶、等待下一阶段的仪式……

程序

19:00左右，我们再次来到傩堂。锣鼓声已响起。场面：小镲一对、云锣一面、大鼓一面、小鼓一面、手提大锣一面、唢呐两把，当时唢呐手在傩堂内。上午《踩地马》时戴的脸子和其他的脸子一起摆放在供桌上，脸子前方摆放着供品——12碗白米饭，4个烛台上分别燃着红色蜡烛，中间放着香炉。供桌旁边的墙壁上，挂着"竹马"（假型），从左到右的颜色依次是：黄色、白色、红色、黑色。供桌左侧摆放着白天装在大木箱子里的狮子，右侧稍矮一些的桌子上放着一个竹制的圆形笸箩，里面放着两碗红鸡蛋，每碗里有4个、一挂鞭炮、一个方形的烟花和一些黄颜色的纸。

还有一个镶满彩条的筐，里面也有两碗红鸡蛋，蛋的数量也是 4 枚。

19:15，开始陆续有人在供桌前跪拜。

19:23，唢呐声响起，一老者在供桌前先鞠躬，再跪拜。其时，站在供桌旁的另一位老者递给正在跪拜的老者一块小木块，跪拜的老者双手接过，举在上方再拜，拜后又递给站着的老者。重复。

傩堂外的村民越聚越多，老人和孩子们都从家里带来板凳或当地人家里可以坐在上面取暖的圆桶状的东西。

19:26，四名男青年（大约20岁左右）开始换服装。一老者分别给他们发了一条新毛巾、一双新球鞋。旁边，有两人在吹唢呐，那老者也给他们各一包烟和一些钱。四名男青年均斜挎红带、红布包头、着红裤。

19:28，四人分别上香，每

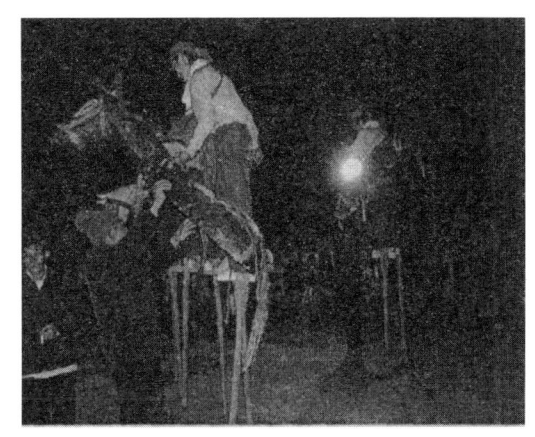

图 2-6 高跷马

人都上 1 支香。开始跪拜，四人一排，三跪九叩。一老者分别递给他们每人三块小木块，四人把木块握在手心，再叩头后把木块放入香炉，再次三跪九叩。那名老者给四人递酒杯，并斟酒，先从左边数第二个人斟起（从老者的角度看），然后依次是左边第一个、第三个和第四个人。老者一次并不斟满，他斟一次，四人就磕一次头，重复三次后，四人把酒洒在供桌前的地上。老者再次给他们斟酒，这次的顺序是从左边第一个人开始，然后第二个、第三个、第四个人。四人把酒倒入手心搓脸，再次叩头。起身，重行三跪九叩之礼。四人去傩堂外绑高跷。

19:33，一名中年男子和几名老者站在供桌前作揖，中年男子口中念念有词。傩堂外灯火通明，除了本地村民，还有很多像我们这样的外来者。

20:00，四名舞者在场上开始套"竹马"（假型），小伙子们互相帮忙。

现在明白了他们身上斜挎的红带子是为了固定"竹马"使的。

20:07，四人排成一排抖马答谢。退出场外，有人协助他们着装。唢呐声又响起。（其间，锣鼓一直不间断地敲响）

20:20，四人着装完毕，又下场。抖马答谢，拿头饰，先把头饰放在"竹马"上，请面具戴上。黄竹马配黄色带髯脸子（关索），黑竹马配黑脸子（鲍虎），红色竹马配红色带髯脸子（鲍龙），白竹马配女性红脸子（鲍三娘）。

20:30，四人站成一排，从左到右依次是关索、鲍三娘、鲍龙、鲍虎。一中年男子端出供桌前的红鸡蛋，四名男青年将鸡蛋拿在手中，随即又把鸡蛋递到另一个男子高举的木制托盘中。

20:38，锣鼓点紧凑起来，开始跳，四人变成方形阵。（队形和白天"踩地马"一样）这时，有些村民在放鞭炮、烟花。高跷马的节奏和地马相比，有些慢，动作也比较简单。大部分的时间是四人站在四角，动作很小，等待锣鼓点再度紧凑。有一个和白天的地马一样伸左手向中间的动作，然后四人逆时针方向转换位置，还是分站在四角上。

20:45，有人递给四人兵器。关索手持长矛，鲍三娘持双铜，鲍龙持大刀。关索和鲍龙交手。鲍龙换兵器成双铜，鲍三娘和鲍龙相对，鲍龙夺去鲍三娘的双铜。然后，有人递给鲍三娘一根红色长绸，鲍三娘面向鲍龙挥舞长绸，鲍龙依然挥动双铜。鲍龙抓住鲍三娘的红绸，二人争执不下。鲍龙走向前以左手搭鲍三娘左肩。两人抖马答谢。以上动作，腿部的动作变化不大。

20:49，四人站成一排，舞毕。（在舞的过程中，有一老者一手执烧热的瓦片，一手执白醋瓶，并沿着场边边走边把白醋倒在烧热的瓦片上，后洒在地上。）

20:51，卸脸子，回傩堂。执事唐茂华用布把脸子仔细地擦了一遍，将其摆放在供桌上。唢呐声依然。随即又请出《跳土地》《跳和合》的脸子，开箱拿出需要的衣服。此时，有村民继续放鞭炮。

装扮好后，开始《跳土地》。分别由两名成年男子戴着傩公、傩婆的脸子相对而舞，随着节奏上下微微蹲起，傩公手持"朝笏板"，傩婆横握一柄长扇，并将其放在傩公的"朝笏板"之上。一分钟后，舞毕。

由几个成年人，包括执事唐茂华，分别教授几个八九岁的孩子《跳和合》《舞古老钱》《舞回回》，教授者从背后抱着被教的孩子，手把手地教孩子们一招一式。

茅坦乡山湖村《踩马》的个案，告诉我们这样一些关于角色和面具的事实：

（1）这里的傩仪具有极强的戏剧性，角色和人物基本上是民间传说和民间信仰事象的主人公，而这些角色的傩文化含义相当深厚，带有鲜明的民间祭祀色彩，体现着"驱疫避害"的傩事功能。

（2）在贵池傩舞中，某种意义上，角色和面具具备相同的所指，是一事物的两面。若以符号学的眼光，我们可以认定，面具就是角色的符号，它与角色一起，共同担当了述说和解析驱傩意义的责任。

（3）贵池傩舞的傩神谱系繁复而庞杂，几乎囊括当今所能见到的所有傩神形象；而且，其分类众多，人神、自然神、假想神无所不在，且无所遮蔽和顾忌；内涵上，傩之本义被极大地扩张与泛化，"逐除"的基本功能已延展出纳吉、祈福、调年与和谐等多方面诉求。

这意味着，傩舞的价值被大大提升了，功能也随着历史的迁延日益呈现出多元化的趋势和丰富的内涵。

二、角色与面具的符号（功能）解析

上面的"个案"只是揭示贵池傩舞的典型符号因子——面具（角色）的微观现象，总体观之，贵池傩舞"神谱"的宏观覆盖面不仅具有相当的规模，而且蕴藏了深厚的文化意义。具体分析，包含两个方面：一是宽广的功能性，多层面的分类，预示了贵池傩舞功能的实用性；二是面具及其符号背后的隐喻的揭示，类似语言学中的语义学研究，即符号与其所指的对象之间的关系研究，学术意义非同一般。

细而言之，考察贵池傩舞面具，不外乎以下层面：

（1）本义。"傩"的本义，按《说文解字》的讲法是"行有节也。从人，难声"。段注曰："行有节度。按此字之本义也。其驱疫字本作难，自假傩为驱疫字，而傩之本义废矣。"可见，"傩"之本来意义当是行为有节度，这似乎应与礼法相关联。但后来，"傩"又与"难"扯在了一起，成了"难"的假借义，专作驱逐疫鬼解了。而"难"本字为鵜"，《说文》解："……鸟也，从鸟，堇声……或从隹。"由此看来，"难"的本义应是鸟，作驱疫解，同样是假借义。在《周礼》《礼记》等典籍中，"傩"均写作"难"。在其之前的文献中，《诗经》里有两处"傩"字：一处是《卫风·竹竿》篇的"巧笑之瑳，佩玉之傩"，另一处是《桧风·隰有长楚》篇的"隰有苌楚，猗傩其枝"。"佩玉之傩"的"傩"，意为"行有节度"，这正是《说文》所谓的"傩"之本义；而"猗傩其枝"的"傩"，笔者认为，应是由"有节度"的行为所形成的一种动作姿态——"猗傩"之态，大概这个动态很漂亮。既然"傩"的本义是"行有节度"，那么我们至少可以澄清两点：①"傩仪"这种原始宗教仪式应是一种有节度和规范——也就是有礼法意识制约的人类行为；②这种"蒙熊皮，黄金四目""执戈扬盾，以索室驱疫"的傩仪，应发生在有节度的"傩"相袭而成一种"礼法"之后。甲骨文中至少有两个字与傩礼有关。一个是"魌"字，写法如一个戴面具的人形。郭沫若说此字"像人戴面具之形，当是魌之初文。……得此字，可知麒头之俗，实自殷代以来矣"。之所以认定这个字与傩礼有关，在于"魌"字有"蒙熊皮，黄金四目"之形，而它与另外一个有"执戈扬盾，以索室驱疫"之形的古字相叠加，正好构成中国古人观念中的"鬼"字的本义。高明等辑的《古文字类编》一书显示，甲骨文的"鬼"就像面如"魌"而手执"戈"。《说文》释"鬼"条为："人所归为鬼。从人，象鬼头，鬼，阴气贼害。"这"鬼头"或许正是被称为"魌"的面具的根源。

面具在贵池被称为"脸子""龙神""嚎啕神圣""傩神""菩萨""菩老",抄本上也写作"鲍老""老郎",地方志上则写为"社神"。贵池傩舞的面具虽与上述典籍所载同宗同源,但从其称谓看,它们未必具备"魁头"那般久远的历史,或者说古老的傩仪方式已在历史的尘封中被无情地淘洗了,仅存的东西也属于珍稀和宝贵品种,然而它们依然保有着不可替代的傩文化本体特质而在当代文化中具体可感地实现着功能。

贵池各傩神会面具数目不一,多则48枚,少则13枚,现在能够保持活动状态的村庄中,最多的有36枚;并且,根据数目的多少,分别被称作十三太保、十八学士、二十四清天、三十六天罡等。每块面具都有自己的名称,使用的数量也要视傩事活动的内容而定,各村不一。

(2)工艺。贵池面具皆为木制,木料多用枫杨树或白杨树。制作方法是:将直径约25厘米的树干从中剖开,趁湿镂空树心,精雕细刻成形,用木锉、砂纸打磨,再用沸水蒸煮定形。待阴干后,再饰漆、上髯口。

(3)规矩。首先是雕刻,这是一个傩神会的"头等大事"。雕刻之前必先砍树,砍树必先请"先生"选择吉日;砍树之时,族长、会首亲临现场,烧纸、燃鞭炮,向树膜拜。树被锯倒后,工匠立即从地上抓一把土盖在树根上,此举为"保护树魂"之意。进入当代,贵池傩面具的雕刻工艺日渐显颓势。据文字记载,"文化大革命"前,青阳县九华山下的庙前乡尚有专门的雕匠,他们既为寺庙制作佛像,也为农村制作面具,并有祖传的面具图谱。近年来,因傩事活动萎缩,雕匠多回归田地,雕刻工艺失传。即便是如今恢复旧业的刘、林两家,因隔代学艺,图纸亦散,故而技艺大不如前。二十世纪八十年代以后的雕工,基本上属粗糙范畴,可见傩仪的威仪受到了挑战。如今,贵池所藏清代面具30枚左右。

面具雕刻成型之后,就要进行"开光"仪式。这是一个赋予面具灵性的仪式。在上古人类的思维状态里,灵魂在一定条件下是可以依附在与其相似或相关的人或物之上的。在"万物有灵"的原始信仰的驱使下,面具的符号功能清晰地显示了出来。实际上，与面具功能相似的还有各类假形，如木偶、俑人、傀儡等等。开光，便是赋予了某种符号以神气，令其"所指"有了实在的内容，让神鬼对其依附物认可。开光是面具成为神器的依据，不举行开光仪式的面具，仍被视为一般物；一旦开了光，便转变为不可亵渎的神灵，意义、作用和功能都发生了本质性的变异。开光仪式须择吉日举行，贵池的面具开光是由漆匠主持的，他们不仅是工匠，还是掌握民俗祭仪的"杵师"[1]。开光仪式中要举行另一个名为"跳五猖"的仪式，会首们必须参与。这是中国民间家喻户晓的一种传统祭礼，核心内容是五位镇压小鬼的猖神扫尽五方的疫厉，恰与傩祭有本质上的关联。在一段经历了"起猖""驾猖""跑五方""收猖""埋罐""点光"等程序的仪式过程之后，依次排列于团箕之上的面具才能收箱，以备演出时正式使用。

"跳五猖"，是中国传统农耕信仰的产物，更是傩文化传统的必然。一方面，农耕文明的"五方"信仰左右了国人的方位观念，所以才有五帝、五土、五鬼的说法；另一方面，"五猖"作为民间神，又是对"死为鬼雄"的不屈亡灵的转借，自然有其守土保民、除恶扬善的功能，而这正是傩文化的本义之所在。如此，有了开光的神性和"五猖"的傩性，面具才具备了灵魂寄寓的价值。

（4）**装金**。贵池毗邻佛教圣地九华山，寺庙佛像的"装金"风尚也反映在傩面具上，地位、品级最高的面具才有资格"装金"，这是身份的象征，也代表了会众对神仙的崇仰和尊敬。刘姓的关公、二郎神面具为金色脸，茶溪汪姓的皇帝（天帝）、左右丞相为金色脸，清溪杨姓二郎神也为金色脸。据王兆乾先生考察：1967 年，在"文化大革命"时，曾从四乡收缴 27 枚明清时期的面具（现藏贵池市文化局），其中便有二枚用金箔粘

---

[1] 贵池傩事活动聘请的漆匠曾拜端公、道士为师，通晓民间祭祀仪式，具有为菩萨上漆、装金和开光的资格，被称为"杵师"。面具上漆后，由杵师主持的开光仪式称"小开光"；庙宇为佛像开光，由和尚主持，则称"大开光"。

贴，至今仍有光泽。1983年后重刻的面具因受条件限制，只用金色油漆涂抹。[1] 笔者调查，现在情况照旧。

（5）禁忌。贵池傩面具的"神"性是容不得半点亵渎的，否则会遭神谴。此类故事和传说很多，如姚姓傩面在太平天国时期"显灵"的故事；元四章村演《关公跩马》时，"关公"将面具扣在膝盖上，结果无法取下，认为是亵渎了神灵；老屋唐的《高跷马》，戴面具的舞者若摔倒，便预示本族有"亡人"征兆。贵池傩的禁忌并无成文规定，但却有相应的遵循，统合言之，包括：①面具须由专人触摸，妇女不得接触。面具箱，任何人不准坐和跨越。②接触面具前，必须沐浴更衣、烧香、礼拜。③搬演傩舞（戏）前半个月，夫妻要分居。④演戏时，演员必须在神案（或脸床）前，向面具施礼后，才能配戴面具。当然，各村还有些个性化的禁忌内容，如荡里姚的舞者必须跪在神案前戴面具；老屋唐"跩马"时，舞者须先向面具三拜九叩，进香、献酒后才能演出，高跷上的跩马人须从专人手捧的装面具的香盘里取出面具给自己配戴。高跷舞者应穿新布鞋，而且鞋最好由母亲亲手制作，纳鞋底的旧布，不能用妇女的旧衣和男人的内裤。因为跩马的"跩"字与彩头、彩兆的"彩"字谐音，不净的旧布会使所有的彩头污秽，也会冲掉吉祥和财喜。

（6）分类。贵池傩面具的分类原则多种多样，界定也就呈现多个层面。

功能上，贵池傩面具有专有和通用之分。专有者有相对固定的功能和意义，基本以标明傩仪的属性为据。这类面具如南山刘的关羽、社公，邱村柯的二郎神、钟馗、土地，老屋唐的土地、关索、鲍三娘，杨家畈的关羽、二郎、回王，东山韩的昭明太子等。这类面具，因其代表了民众的特殊信仰，往往被当作多神崇拜中的"主神"加以膜拜，所以一般不用于戏剧角色，即使在剧中出现（如回王、钟馗）也是专用，不能兼作其他角色。傩舞中的专有神几乎没有。专有性表明该面具的傩文化含量较高，地

---

[1] 何根海，王兆乾.在假面的背后：安徽贵池傩文化研究［M］.合肥：安徽大学出版社，2000：25.

位强于其他角色。因而它们常以福佑神的地位被某些家族供奉在案上，傩戏前后行特殊拜礼。另一类角色（面具）是通用神，如傩戏《孟姜女》中的范杞梁、孟姜女、乡官，《刘文龙》中的刘文龙、萧氏女、宋中、吉婆，《章文选》的包拯、鲁大王，《陈州粜米》中的张妃、王丞相等。另有些村庄因面具少，便将人物统统归纳为生角、丑角、旦角、末角等行当。例如，孟姜女与萧氏女、百花女兼用一个旦角面具，范杞梁与刘文龙兼用一个生角面具。一些傩舞面具如《舞伞》的伞童、《舞回回》的回回、《舞财神》的财神、《魁星点斗》的魁星等，常可以作为剧中人物来代用。但无论其类别如何，也不管其制作工艺怎样，它们都被奉为傩会的神灵，名为"嚎啕戏神"。而面具一旦作为戏剧角色出现，制作时便会被注入世俗情态；而且面具一定型，便无法更改，若要变化，只能重新雕刻。可见，这两类分别有着品级和程度上的差异，专有者为傩仪的主要角色，神仙之气浓重些；通用者角色身份随意些，仪式性相对弱于世俗性，对他们的崇拜程度不如前者，所以才能拿他们充当搬演的对象，但即便如此，他们的神祇地位始终是不容置疑的。

制作上，贵池傩面具又分为有冠冕型与无冠冕型两类。有冠冕者，即是将人物的冠帽与面庞一体化雕刻，这类角色或行当如土地公（戴员外巾）、范杞梁（戴儒生巾）、包拯（戴方角乌纱）、旦角（雕出发型与簪花）等。无冠冕型，则是将面具只雕到额头部位，然后切断，上面留槽，以利于面具上边勒上盔头。至于如此制作的缘由，倒也没有什么特殊含义，只是工艺传衍或搭配方便所致。

配戴方法上，贵池傩面具则有"半脸"与"满脸"之分。"半脸"主要见于傩戏演出中，因戏曲有演唱的部分，为了不让面具遮挡声音，便将其斜扣于额头部位，表演者既可以使嘴不受遮挡，又可以保持良好形象，因而有之；而傩舞不唱，故多戴"满脸"。

（7）摆式。贵池傩面具在傩仪和搬演过程中，都要从箱中取出，按品级高低排列在"脸床"[1]（或曰"龙床"）上。"脸床"或放在舞台"上场门"一侧，或放在祠堂神案之上，总之是一种供奉的作用。如前所述，贵池一副傩面具或属于一个家族，或属于几个家族的傩神会共用，但无论哪一种，其承应时的摆式都必须按世代相传的"总稿"规定的次序放置。只是由于各家族面具的数目、名称、信仰的侧重不同，面具的摆法也不尽相同。

这里，我们以姚村大社的面具为例进行分析：

姚村的面具共32枚，多数为傩舞（戏）中使用的，也有仅供膜拜的神。其中，回回面具四枚，是傩舞《舞回回》所用；和尚面具二枚，为"新年斋"仪式用；小杨面具一枚，乃傩舞《打赤鸟》的打鸟人所用，名称由来不知；包拯、小包（包拯青年时）、张龙、赵虎、鲁大王、招魂、县官皆为傩戏《章文选》中的角色，招魂是阴间至阳间捉拿死者灵魂的使者；张主是傩戏《刘文龙》中的角色，此角色为姚村独有。老杨、梅香是《刘》剧中的两名男女仆人。面具中的孟姜女也是一脸多用的"通才"，不但是《孟姜女》一剧中的孟姜女，也是《刘文龙》的萧氏女和《章文选》中的百花娘子的替身，在这三出戏中，小生面具亦是通用的。玄坛即是财神赵公明，该面具傩舞《舞财神》用之。

从面具的摆位看，姚村面具中的专有性面具功能体现得很清楚，而且排列顺序也遵循了地位和品级的种属关系，尊卑有序：皇帝在最高规格的位置上；向下一层，是金星、文相、娘娘、包拯和二郎等；第三级，才是

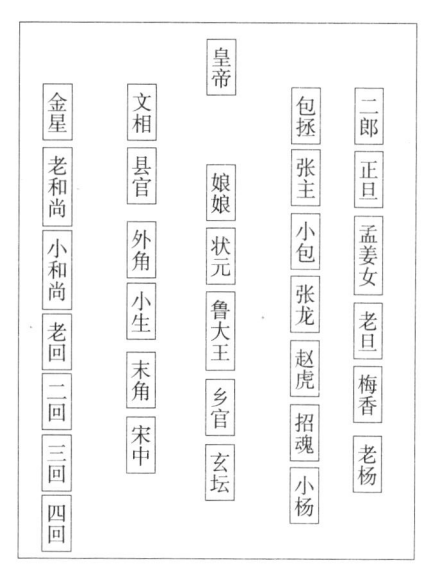

		皇帝		
金星	文相	娘娘	包拯	二郎
老和尚	县官	状元	张主	正旦
小和尚	外角	鲁大王	小包	孟姜女
老回	小生	乡官	张龙	老旦
二回	末角	玄坛	赵虎	梅香
三回	宋中		招魂	老杨
四回			小杨	

图 2-7　面具的摆式

---

[1] "脸床"，一种竹编的晒箕，专为摆设面具用，类似于一种生活工具。

傩舞（戏）中的角色等"通才"式的人物，而这一级面具的仪礼成分开始淡化了。

在贵池傩事中，与面具相关的典仪集中在请阳神、社坛起圣、送神上架等环节中，关于这方面，前文已有大量涉猎，恕在此不赘述。

上述这一切，充分证明了面具作为一种文化符号在贵池傩事行为中的主体地位。客观地说，傩仪的两个关键支点，在于面具的符号属性和"逐除疫疠"的文化含义，二者缺一不可，共同构成傩文化观念的基石。其中，面具的核心功能是不容置疑的。在某种意义上，没有面具出现的傩仪是不完整的，甚至是缺失本质内容的。依笔者之见，面具的形式意义、存在意义和实用意义三者的整合，真正构成了它的符号意义。事实上，这种符号意义，本身就是文化的内容。正如解释人类学的创始人格尔兹所说：

> 文化是一种通过符号在历史上代代相传的意义模式，它将传承的观念表现于象征形式之中，通过文化的符号体系，人与人得以相互沟通，绵延传续，并发展出对人生的知识及生命的态度。[1]

由此可以断言，文化是一种表达价值观的符号系统，它所承载的意义，包含了人的认识、情感、道德等一般性的思维，而这正是文化的核心内容。贵池傩舞体现的正是这样的一种文化意味，透过面具展现出来的，也正是神圣符号背后所隐喻的民族精神和世界观。这是贵池傩面具的第一个、也是根本的文化要义。

同时我们又必须看到，从工艺到规矩、从装金到禁忌、从分类到摆式，与贵池面具相关的所有结构性的环节和内容，事实上交代的都是一种潜在的文化解释：它是一种带有强烈宗教意味的行为；只是这里的宗教气质过于古朴，属于原始宗教的氛围，不像唯一性的主神宗教（如佛教、伊

---

[1] Geertz, Clifford. 1973b. *The Interpretation of Culture* [M]. New York: Basic Books: 89.

斯兰教和基督教等）那样影响巨大，但它的仪式化程度很高，原始信仰的成分很重；它也是一定"文化圈"内群体生命理想的特殊表现形式，因而符号的象征性里包含了神圣与世俗的双重意义；面具自身的结构，也是一种完整的体系表述，充满观念的神秘性，但却是可以感知、更可以操作的独立系统。

总之，贵池傩面具本身就是一种独特的文化阐释方式。

第三节 "年首""喊断"："人"与"意"

一、"年首"：傩舞的"主心骨"

傩仪研究的目的，最终是揭示"人"——探索人在仪式中的精神旨向，叩问人的生存意义与生命价值。人文科学的研究，都以此为基本诉求。具体到贵池傩事活动，"人"的因素——"年首"（或曰"会首"）与执事一道，构成了贵池傩舞的"仪式执行者"的"领袖"层面。他们是傩仪事象的主导人群，也是能够左右傩仪运行走向、掌控观念变化的最本质的因素。

就成分与功能而言，傩社里的"年首"或执事多为本村德高望重之士担任，这在全国范围内所有具备傩事活动的地方，是一个共通的选择。但贵池地区有其自己独特的一面，即：一般情况下，某姓村的傩社"年首"多由外姓人来担当，本姓人基本上以"执事"身份出现。此举的意义在于：一是可以维持"法度"的真实性和行动的公平原则，外姓人的功利目的远低于本姓人，他主持并操作的事务具备更多的平等观念，轻易不会趋炎附势或见利忘义；二是本姓的"执事"身份是一种民间自主的监督机制的产物，他们可以最大限度地调控祭礼的运行，在一个双向制衡的结构中，实现全程的良性互动和平稳的运演机制，有利于仪式的完整化。具体情形如：荡里姚傩社的"年首"吴国胜，便是非姚姓人士，但在傩社中的地位和权力却是最高的；可是笔者在仪式过程中观察到，每到关键时刻，推动仪式发展的根本因素并非出自"年首"那里，而是姚姓诸"长老"组成的"执事团"在左右局面，可见，这种"二权分立"的构成原则还是颇具准确性和公正性的。当然，也有本姓执事掌管具体事务，取代"年首"功能的现象，如 2005，2006 年，山湖村新屋唐的傩班就是由执事唐茂华具体行使傩仪推演的，他的功能，某种程度上替代了"年首"而成了实际的组织者。

另一个"仪式执行者"的层面，是具体搬演的傩舞（戏）表演者，他们构成傩事活动的主体，承载着沟通人神、传递信息和执行仪式本体的功能。作为傩仪的主力军，他们是完成祭礼的核心因素和基本力量。他们的构成复杂而多样，可以是农民，也可以是民间艺人，但他们都是仪式的操演者。这些因素决定了他们作为"仪式执行者"的非职业化身份，而民间原始信仰在当代空间里很难实现职业的"仪式执行者"，这从一个侧面表明当代傩仪的民俗文化属性，它已非政府或宗教意义上的行为，更不能从本质上左右社会思想，最多不过是一种民俗活动而已。所以，作为"仪式执行者"主体的人的结构是相对松散的，他们只会在傩事活动期间才具备一些"神性"，平时不过是普通百姓中的一员。事实上，"年首"和执事们也未尝不是这样的状态！

就属性而言，无论"年首"或执事，还是扮演傩神的表演者，均属于业余性质的傩"仪式执行者"，具备双重文化身份——农民与准"神职人员"——及其特质。

二、"喊断"：傩仪的"传声筒"

前文，我们曾无数次地提到过"喊断"这个名词，这是一个仅属于贵池傩舞的专有名词。其名称由来没有记载，更无考察材料印证，笔者采访中也没有得到确切说法。若望文生义揣之，当有如下的推论：一、此种方式不同于其他任何地方的其他傩仪，也不同于歌唱或戏曲演唱，虽然是一种吟诵方式，但感官和直觉上，纯粹是一种"吆喝"或"呼喊"，因此称之为"喊"，恰如其分。二、"喊"的结构是以四句为一段落或以四的倍数（如八句，十二句……）递增，总之，是以"段落"作为分界的标志的，因此，合理的称谓应当为"喊段"；之所以用"断"而没有用"段"标识，笔者认为，在于咏诵时的语气方式的限制，即：只有用"断吓"的方式，才能体现这一行动的力度和功能，才能显现出"驱鬼逐疫"的坚定性。王兆乾先生如此界定"喊断"的属性，"它源于祭祀仪式的颂赞之辞。后来也用于封建王朝对帝王的礼赞。《诗经》的'大雅'里就有很多礼神的赞辞。这种赞辞，随着时代的变迁，从四言到五言、六言、七言和长短句"[1]。此意正合了我的观点。

"喊断"的方式：在表演前、中、后，由年首或执事念诵世代传抄的颂词，众人应和，颂词依据舞蹈内容而定。每段颂词开始，年首或执事都要高喊："都来呀！"台上和台下、表演者和观众，齐声高喊"呵！"之后，便是四句一段的"断词"。

"喊断"的内容：各村断词的文字表述虽有不同，但文化功能和表达主旨却大同小异，无非是祈福、纳吉、辟邪、求子、逐除、禳灾、祭祀或钩沉故事、表情达意等，天南海北无所不及，上天入地无所不能，勾连古今无所遮蔽。当然，"断词"主要表达的还是傩舞的内容，而且很大程度上制约着傩舞（仪）的运行走向，在傩舞环境诸因素中起到了阐释观念、推展情节、提升情绪和完成结构任务的作用。

事实上，贵池傩舞具有表意功能，"喊断"是其重要的实现手段。如果说舞蹈动作形态在傩舞的完型结构中占据了"大半江山"的话，"喊断"则是提纲挈领地"拎"出傩舞作为仪式铺陈祭礼的"关键词"，让舞蹈形

---

[1] 何根海，王兆乾.在假面的背后：安徽贵池傩文化研究［M］.合肥：安徽大学出版社，2000：141.

态有了内在依据和行为旨向。笔者根据自己的研究心得认识到,以民众的底层生活为平台构成的"草根社会"视阈中的文化形态,功能性是其表意性得以充分发挥的本质要素,而民间文化诸多形式之所以存在,很多甚至历久弥新,原因即在于其"肌体"里功能性的表意成分具备相当大的数量和高规格、高浓度的质量。贵池傩舞形态因素中的功能因子,除动作内容而外,最能体现功能含义和特殊意义的当属"喊断"这个行为了!因为它已将非功能的因素尽可能地剔除,把文化含量增加到最大,因此它是浓缩而高纯度的文化符号,充满"原创"的、优质的、高复制率的文化信息,认识与传承价值极大。

如果说,"年首"代表了贵池傩舞文化中最具生命主动性的因素——"人"的主脑意义的话,那么,"喊断"则代表了贵池傩舞之文化表述的最高形式。两者相加,构成贵池傩舞的外在构成的静态层面,它们再与动态层面的傩舞动作形象相结合,才完成了贵池傩舞的全息性"造像",整个傩仪才有了生机。

通过对贵池傩舞"表层结构"的文化观照,我们发现了一些重要的环境因素,这有助于我们在深刻了解其文化构成的基础上,深入而富于实证地把握贵池傩舞的部分本质(主要是"静态"层面的)。这些理性思考的主要结论是:

(1)仪式,营造了贵池傩舞的生态氛围,并以严整的关系要素结构了贵池傩舞的核心部位,使它在特定的文化空间内的发展呈现了古今一致的继承性,形成了良性互动的文化格局和发展态势,创立了一种具有当今时代特质的文化立场与构成。

(2)角色与面具,当之无愧地构成了贵池傩舞的文化符号,并以其文化功能的特异性划分了傩文化不同于其他的本体特征。透过面具(角色)展现出来的,恰是神圣符号背后所隐喻的民族精神和世界观。这才是贵池傩舞面具的根本文化要义。

（3）"年首"，构成一个特殊的文化阶层——"仪式执行者"，他们是特殊地位的文化阐发者，是贵池傩舞的文化"领袖"；由他们领导的"喊断"，静态地表达着仪式的基本程序，更凸现了贵池傩舞的基本意义。

认识构成，就等于认识了贵池傩舞的生态原形，也就寻得了它的空间及特征。

| 第三章 |

"阴阳交合"

——动作与图式

二十世纪五六十年代，法国著名人类学家列维－施特劳斯塑造了"结构主义人类学"的大厦，使人类学的掘进方式与速度"改朝换代"般地发生了变革。需要指出的是，列氏所谓"结构"，既非一般社会科学意义上的"社会关系的总和"，亦非一种物质现实或经验实体，"而是指在经验实体之下存在的一种模式"；而这种产生于文化归总基础之上的模式，一经出现，便可适应于任何社会，可以解释任何文化事象。在列氏看来，社会学或人类学意义上的"结构"包含着有意识、无意识、机械式和统计学等四种模式，其中：第一种是原生地人士提供给人类学家的结构，第二种是人类学家无法看到、原生地人士没有意识到却具有本质意义的真实结构，第三种是社区内特定法则规定的人的行为，第四种是对违反规则的社会行为的统计。列氏认为，第三种"无意识模式"是拨开现象、显现本质的真正结构，它才真正代表着物质世界和精神世界的本原涵义，"社会人类学的主要任务是揭示社会—文化表面下面潜在的'无意识模式'"[1]。而要揭示这种"无意识模式"，最具价值的手段即是借助语言学的法则，揭示出文化符号的表层结构和深层结构。一切社会、文化和人类行为，皆可于行动

---

[1] 王铭铭.西方人类学思潮十讲[M].桂林：广西师范大学出版社，2005：31—32.

背后的深层中寻得根源，这个寻求的结果就是"结构"。"它是一种基本的关系，反映的是文化意识形态在内涵上的对立统一，是一种既互相冲突又同时并存的关联……换言之，人类行为由文化的深层结构所决定。"[1]

基于这样的理论构成，我们有理由相信，贵池傩舞作为一种事象的结构意义同样具备深刻的"结构"本质，而这本质的体现，无疑会在其动态构成的基本元素中寻得具体表达和诠释，这便要求我们的本体性表述必须具备方法论意义和实证色彩。

在"导言"中，笔者曾经开宗明义地致力于舞蹈生态学的方法论遵循与舞蹈文化人类学的基本建设。在本章中，我们将具体实施一番关于这两者的方法运用，目的在于完善新兴学科的理论实践，透过尽可能完备的理性过程寻得新的学术表达和成果。具体言之，即是：一、关注研究对象的细节、运作和过程的表述，从中见出真实的思考内容；二、关注舞蹈生态学意义上的形态分析，力图在"运用典型舞畴分析法——形态特征的提取——把握研究对象的本体文化特质"这条线索上实现理论突破。

如果说上一章节论述的是贵池傩舞的"结构"中的外在部分的话，那么，本章的核心则是言说其内在"结构"内容，而这内在"结构"，正隐含在傩仪的舞蹈形态、动作构成和场面构图等核心物当中。

第一节 形态分析

关于舞蹈形态，舞蹈生态学如此界定，它"是舞蹈自身——通过人体运动表现出来——的外部形式。它是直观——动感与视觉——所能感知的，也是可以进行科学分析的"[2]。对舞蹈进行形态分析旨在研究舞蹈中的

---

[1] 王铭铭.西方人类学思潮十讲[M].桂林：广西师范大学出版社，2005：32.
[2] 资华筠等.舞蹈生态学导论[M].北京：文化艺术出版社，1991：12.

人体运动的规律，而形态分析的任务主要在于对舞蹈外部形态进行特征提取。这便是舞蹈生态学的创见性构思。冯双白先生在解读舞蹈生态学时有过这样的表达，"只有从形态分析入手，才能真正准确地判断舞蹈这个核心物。舞蹈的形态具有三大特征：'第一，内在的韵律感和外在的节奏性。第二，动态与稳态的交替并以稳态作为每一动作的起点与终点。第三，人体各部位运动配合的谐和性。'《舞蹈生态学导论》所归纳的舞蹈形态三大特征，第一条是关于动作时间性的规定；第二条是关于运动过程如何做出准确判断的规定，即主要从动作起点和终点方面进行判断；第三条是关于动作力度、速度、幅度等方面的规定，而其中又以'运动配合的谐和性'作为主要指标。在这段话中，时间、运动过程、运动力量之配合成为舞蹈生态学里关于舞蹈动作本质研究中与众不同的判断和理论支点。"[1]再结合着舞蹈生态学对民间舞蹈研究的独特作用，我们便不难发现形态分析对贵池傩舞考索的有效性了。

之所以将"对舞蹈外部形态进行特征提取"视为舞蹈形态分析的主要任务，是舞蹈科学分析的要求，意义在于寻得诸舞种之间的差异性，以达到理性把握之可能。在对贵池傩舞进行形态的特征提取之前，必须注重遵循舞蹈生态学的基本理念，即"对舞蹈形体运动进行简繁适度的因子分解和有效的综合分析"[2]。如此，既可抓住动作形态的主要方面，又可发现特征，显示规律，便可有效地把握舞蹈本体属性，并实现与他舞的分别。

当然，特征提取必须遵守舞蹈生态学提出的诸项原则，它们包括：

> 第一，鉴于舞蹈作为视觉艺术的直观性特征，舞蹈形态分析和特征提取必须考虑舞蹈形体运动中动感与视觉，人体生理机理与直观印象以及技术实现与艺术感受之间的差异并寻求其相对统一的客观标准。

---

1 冯双白.青海藏传佛教寺院羌姆舞蹈和民间祭礼舞蹈研究[D].中国艺术研究院，2003.
2 资华筠等.舞蹈生态学导论[M].北京：文化艺术出版社，1991：12.

第二，鉴于人体形体运动可直接观察和客观测度，从方法论角度考虑，舞蹈形态分析与特征提取必须在具体实践中对于工作概念给予操作式定义（operational difinition）。

第三，舞蹈形态分析和特征提取的材料来源，可分为形象资料和符号性资料两大类。形象资料是指直接通过舞蹈表演或通过影视资料获得的；符号性资料则是指各种舞谱记录。对于前者，由于它是综合性的整体形象，我们必须进行适度的分解。因为任何形象资料提供给我们的都是直观性的总体印象，应根据前面提出的简繁适度的标准来进行因子项的分解。而任何符号性资料——舞谱（dance movement notation）记录，都对人体各部位进行分解性描述，对此则应进行适度的综合、提炼。

在此需强调说明的是：特征提取的任务（目的），不是精确地再现（描述）某种舞蹈的原形。它既不是概括舞蹈总体印象的宏观分析，也不是对舞蹈的各个局部进行"解剖"的微观分析，而是旨在确认舞蹈形态特征的中观分析。

第四，这种舞蹈形态的中观分析分为三个层次：舞动（舞畴）、舞目（piece of dance）及同形舞目类群（isomorphic dance）。[1]

与之相应的，舞蹈生态学必然构成一系列与他学科不同的专用术语（如上述提到的舞动、舞畴、舞目及同形舞目类群等），并以之形成自己的形态分析体系。

舞蹈生态学在其形态分析的方法论中提出了"舞动""舞畴"等动作概念。所谓"舞动"，是"把舞蹈自然切分的最小形态单位"，它是以时域和空域来限定的。而"舞畴"，即指"在直观上可以感受到的具有同一审美表意基质的一簇舞动，也是提取舞蹈形态特征的基础单位"。同时，依

---

[1] 资华筠等.舞蹈生态学导论［M］.北京：文化艺术出版社，1991：13—14.

时间顺序组合起的两个以上舞畴，便是其"舞畴序列"，它的特征由舞畴典型性的单项因子（典型舞畴）及序列组合确认。[1]

同样，为了使舞蹈的本体分析更具"自律"色彩，舞蹈生态学还推出了"舞目""同形舞目类群"的概念，以取代以往理论中对舞蹈本体特质的模糊表述方式。所谓"舞目"，指的是"有相对稳定式样的、有始有终的舞蹈"，而且是"表达一个完整意义的舞蹈单位"。通俗地说，"舞目"是"舞蹈剧目""舞蹈节目"的替代物，是纯粹属于舞蹈自身的术语方式，而且它所标识的舞蹈在同一时期内，舞畴序列的类型和长度基本固定。"从形态分析的角度来看，舞目就是一个自然形成的大舞畴序列"[2]，而我们"把相似度高的舞目归纳到一起"，就构成了"同形舞目类群"。[3]

"根据舞畴及其组合特征可将舞目归纳为若干同形舞目类群，在此基础上，进一步考察其播布区、源流、功能，从而确立多维的舞种科学分类。这个形、功、源、域多维舞种分类的体系化，将是舞蹈分析和特征提取的最终成果。"[4]

提取典型舞畴的"因子项"，是舞蹈生态学进行舞蹈形态特征分析的基本要求。典型舞畴的"因子项"，一般由节奏型、呼吸型、步伐、显要动作部位及其动作等构成。按照舞蹈生态学的理论，节奏性是舞蹈的必然特性之一，"舞蹈形体运动中，身体各部位之间动静格局交替出现形成同一性规律时，即构成某种舞蹈的节奏型"，并指出"节奏型一般应有速度的限定，超出一定的速度，就可能转化为另一种节奏型"了；当然，音乐停止，节奏型即为"零节奏型"。呼吸型，是构成舞蹈内在韵律的重要因素。它具有实用价值——生理需要，还具有表意和审美功能。舞蹈的呼吸型一般可分为自然型和非自然型，并且可以有轻、重、缓、急、深、浅、提、沉，闭气、伸延等交替出现的特征。闭气时，即是"零呼吸型"。而

---

[1] 资华筠等.舞蹈生态学导论［M］.北京：文化艺术出版社，1991：13—14.
[2] 资华筠等.舞蹈生态学导论［M］.北京：文化艺术出版社，1991：28.
[3] 资华筠等.舞蹈生态学导论［M］.北京：文化艺术出版社，1991：29.
[4] 资华筠等.舞蹈生态学导论［M］.北京：文化艺术出版社，1991：14.

"与节奏同步进行的双脚在地面起落所形成的下肢运动称为步伐",它与节奏型关系密切,一个节奏相应的下肢(脚、小腿、大腿)运动流程即是一个步伐,当然,其中也有"零步伐舞动"(下肢不移位)和"无步伐舞动"(不以下肢支撑);步伐特征需要从时域和空域两方面确认,要关注脚、小腿、大腿等部位的着、离地时间,持重转换和重心变化,运动幅度和运动流程等。显要动作部位,指的是"人体运动中相对运动幅度最大的部位"。一般情况下,人体的显要动作部位不会超过一两个;与之相关且幅度层级递减的,还有次显要动作部位和次次显要动作部位,人体的头颈部、上下肢和躯干都有可能成为显要动作部位,观察、分析依然要从时域和空域入手,并注意显要动作部位与步伐的动静比,来确定动作的运动幅度(3、2、1——大中小三度)和运动流程(折动和转动)。[1]

前文已经提及贵池傩舞的历史线索和分布状况,本章中,我们的视点不必再聚焦于过程纵向梳理,更多地,应着力于现实构成及动态的考察和发掘。我们的目标,也更多地停留在对贵池傩舞的典型类型(即"舞目")的形态分析上……

这里,我们采取分舞种进行形态分析的方法,以具体释例解释基本事象,以实现微观把握基础上的宏观分析:

一、《舞古老钱》

该舞又称《舞鲍老钱》《舞抱罗钱》(或简称《抱罗》)、《舞古铜钱》、《耍钱》,是贵池常见的傩舞之一。因舞蹈时舞者手拿古铜钱(舞具)而得名。道具的状况各傩戏会不尽相同,制作与质地各异,目前存留三种形式:木板雕刻、细竹丝编织、竹篾扎制。荡里姚村正月十五拜树和晚间祭祀表演时都跳此舞。《舞古老钱》是哑舞,舞者随锣鼓节奏起舞,不唱。

---

[1] 资华筠等.舞蹈生态学导论[M].北京:文化艺术出版社,1991:15—21.

后台执事人在每段之间喊吉祥词,各村内容有异,但也有类似的一段:"古老钱,古老钱,里面方来外面圆,古老钱上八个字,风调雨顺太平年。"古老钱上镌有"风调雨顺、国泰民安"字样,用来避邪纳吉,内含天圆地方、阴阳相谐之意,有摹拟天地、调和万物的企望。手执铜钱而舞,便成了祈求风调雨顺国泰民安的礼仪。据王兆乾先生研究,"舞鲍老钱"与宋代宫廷中出现的"舞鲍老"渊源甚深,此说若成立,证明此舞历史价值甚大,珍稀程度亦相当可观。

舞钱时,二舞者对舞,戴童子面具,各执竹制钱形道具,和着四拍子的锣鼓节奏,相向做左右捧钱、屈膝下蹲、转身、插腰等动作。

案例

表 3-1　典型舞畴因子观测分解表

		舞目:《舞古老钱》			
典型舞畴	呼吸型	自然型			
	节奏型·音乐	4/4 ｜ × × ｜ × ○ ｜(锣鼓伴奏)			
	节奏型·舞动	随音乐起舞,重拍突出			
	步伐·脚	步伐类型	跨步幅度	重心状态	流程走向
		颠颤型蹲步	低度(约30厘米)	臀部下落	上下颤动
	显要部位及其动作流程	蹲步,上下移动一度;旋转"古老钱",左臂横折二度,右臂纵折动二度			
	次显要部位	两人盘桓交错,双臂旋转二度			
	道具	"古老钱"、面具			
备注	此动作贯穿全舞				

如表显示,《舞古老钱》的动作古朴,风格独特。在自然状态的呼吸型里,舞者依据每四拍的一个节奏构成,成圆形两两对舞,以"蹲步"为动作显要部位,整个动作呈向下的重心状态,臀为底盘稳住身体。"上下颤动"的流程规律,"盘桓交错"的地位调度,双臂折动与道具的旋转,形成一种"方圆"格局,展示着"天圆地方"的文化意蕴。4/4的周正节

拍，在平稳、均衡中体现了"不偏不倚"的东方宇宙观，正与阴阳谐和的思维相契。意义内涵：调年祈福，调节阴阳。

形成这种典型舞蹈语汇的环境因子包括：

（1）宗教、信仰——祭祀

在中国，起自秦汉的铜钱外圆内方，正与天圆地方的观念相同。依阴阳学说，天为阳，地为阴，铜钱体现的正是"阴阳协调"的愿望。古人以天地阴阳协调寓意农桑和润，人类繁衍康宁，因而执铜钱而舞，便成了祈求风调雨顺、国泰民安、子孙繁衍的礼仪。贵池傩舞《舞古老钱》体现的正是此种含义。古老钱舞者的蹲步行走，类似戏曲中的矮子步，或是源于古代征战中骑兵与步兵的对比，或是出自关公在天、舞钱者在地的身份差异。另外，古老钱又有"厌胜"之意，与佛教对民间信仰的影响相关。舞蹈跳神，是巫傩祭祀的遗风。

（2）道具——"古老钱"、面具

天圆地方的古老钱，在舞者手中旋转，呈乾坤、阴阳之态，直接影响了上肢的动作。金家戴土地和玉帝面具，曹家戴二黑色肉角面具，殷村戴有獠牙的近于兽形的面具，茅坦乡山湖村的唐、王、项三姓则戴合和二仙的童子面具。这标明了本舞的傩舞属性。

（3）服饰——长衫

舞者身着红白相间的碎花无袖对襟长衫，类似明代传承下来的"比甲"。此服饰花色虽具备浓郁的民间色彩，属于手工印花织物，但其蕴涵的民间祭祀意义甚大。

（4）音乐——节奏与休止符

伴奏的锣鼓经呈现均衡的4/4节奏，第四拍的停顿，形成动作的"三动一静"格局，体现周而复始、循环往复的阴阳平衡，与舞蹈的节奏型呼应。

二、《舞伞》

《舞伞》是贵池傩舞中的主要舞蹈，诸姓做仪式时皆有之。因伞具有迎神功能，故又称《神伞》；又称《罗伞》，取天穹之意，又含"神往来天地之间的通道"或男性生殖崇拜之旨。荡里姚的神伞由竹竿和马粪纸做芯，以五色纸沿圆顶反向粘糊12层（闰年糊13层），再贴上剪纸文字和图案，书写"五谷丰登""国泰民安"等吉祥语，富含农业文明的内容。舞者可一人，亦可二人对舞，戴童子面具，被称为"伞童"或仙童。动作形态类似于《舞古老钱》（"拜神树"时二者同场共舞），也是锣鼓击节、马步颠颤为主，所不同者，舞者双手不停地转动神伞，且有高擎、挥舞动作。

案例

表3-2　典型舞畴因子观测分解表

舞目：《舞伞》					
典型舞畴	呼吸型	自然型			
	节奏型·音乐	4/4 ｜ × × ｜ × ○ ｜（锣鼓伴奏）			
	节奏型·舞动	随音乐起舞，重拍突出			
	步伐·脚	步伐类型	跨步幅度	重心状态	流程走向
		蹲步转身	低度（约30厘米）	臀部下落	上下颤动
	显要部位及其动作流程	马步蹲起屈伸，双手转伞，左右挥动二度			
	次显要部位	持伞柄上下移动二度，两人交错位移			
	道具	伞、面具			
备注	此动作贯穿全舞				

如表显示，《舞伞》的动作简单，但意蕴深广。在同样自然状态的呼吸型里，舞者以"蹲步"为动作显要部位，动作仍然呈向下的重心状态。"上下颤膝""左右挥动"的流程规律，道具的旋转，形成"天穹"、神喻与生灵的意象，展示着"天人合和"的文化意蕴。4/4的周正节拍，在平稳、均衡

中体现了"万世一揆"的农耕理想。意义内涵：阴阳平衡，和谐吉祥。

形成这种典型舞蹈语汇的环境因子包括：

（1）民间宗教——祭祀

伞呈圆拱形，象征着天穹，包含了古老的天地观，天圆地方的"盖天说"。同时，伞是沟通人神的工具，众神依它而升降仙凡两界。因此，"舞伞"乃占卜之意。

（2）繁衍——"高媒"、生殖崇拜

伞舞有"祭高媒"之意，含有男性生殖崇拜的色彩，更具阴阳、五行之神旨，属于民间信仰范畴。这必然影响到舞蹈动作的构成。

（3）道具——伞、面具

伞的意义如前所述，此处不赘述。面具是天穹中的众神，无论面具被抬到那里，神伞必须跟随覆盖其上至仪式结束，表示众神居于天上。"舞伞"的目的，就是"上事宗庙，下安苍生"，因而才有了古老钱套在神伞之上的"合和"之动态。

（4）音乐——均衡节奏

《舞伞》的伴奏锣鼓与《舞古老钱》相同，依旧是均衡的4/4节奏，第四拍停顿形成动作的"三动一静"格局，体现阴阳平衡观念，与舞蹈的节奏型呼应。

三、《打赤鸟》

《打赤鸟》作为贵池傩舞的一种，在刘街乡姚姓，棠溪乡吴姓，清溪乡程、叶、徐、江、舒、杨等姓家族皆有流布。这里，不妨以刘街乡荡里姚村2006年正月十五晚间笔者考察的傩仪为例：

舞具——木鸟一只，弓箭一副。姚姓家族的木鸟，脚下设一小竹弓，竹篾扎制的弓箭以桃红纸缠裹，意为桃弓。舞者——戴男性面具二舞人。一戴黑色凶恶长须面具，着彩衣，红布包头，执弓箭，做张弓搭箭动作；一戴白色俊秀面具，无须，红衣红包头，执木鸟。姚姓的《打赤鸟》舞蹈简单、粗犷，程序如是：锣鼓声中，执鸟人出场，左手屈于胸前执鸟，右手平举侧身，在演区（现为姚氏祠堂舞台）成对角线斜行。走"跳蹉步"，方式类似戏曲的"方步"，即先出左脚、右脚跟，再出右脚，依此类推，跳跃着行进。至台中，锣鼓停，香首吴国胜（荡里姚村和姚姓傩戏会长）"喊断"，众人应诺。第一段词为：

都来啦！呵！
我是官人小侍人，呵！官人差我放飞禽，呵！
放了飞禽回家去，呵！回家封我大官人。呵！

第一段"喊断"结束，执鸟人跳至舞台前区左边（即一点）。戴黑面具的打鸟人执弓，上场门碎步出场，擎弓过头，至台口、台中，再至舞台三点，与执鸟人对峙。香首再次"喊断"：

都来啦！呵！
二十年前小后生，呵！手拿弹弓沿路行，呵！
见了飞禽便要打，呵！打个鹦哥献主人。呵！

锣鼓响，二人在台中交错换位，打鸟人拉弓射鸟、侧身跳跃，执鸟人闪展腾挪、往返奔逃，两人在对角线方位上追逐。鼓套转换为【跳槌】，香首继续"喊断"：

都来啦！呵！
家有千口，呵！全靠弹弓在手，呵！
昨日打了一百，呵！今朝打了九十九。呵！

二人沿一三点、二四点继续追逐舞蹈，动作重复四次。继而，锣鼓节奏加快，追逐愈演愈烈。最后鸟被射中，挂于箭镞之上，执鸟人下，执弓人站于三点。香首再"喊断"：

都来啦！呵！
赤鸟赤鸟，呵！年年下来害我禾苗，呵！
今日穿胸一箭，呵！打了回去过元宵。呵！

锣鼓打【长槌】，执鸟人下。

案例

表3-3 典型舞畴因子观测分解表

舞目:《打赤鸟》					
典型舞畴	呼吸型	自然型			
	节奏型·音乐	2/4 ｜×××｜×××｜××××｜×××｜（锣鼓伴奏）			
	节奏型·舞动	随音乐起舞，重拍突出			
	步伐·脚	步伐类型	跨步幅度	重心状态	流程走向
		碎踮步 跳蹉步	中度 （约50厘米）	腰部下落 或上提	直线、圆周 晃动
	显要部位及其动作流程	跳蹉步，弓箭屈伸一度，跳跃二度；晃手，圆周三度			
	次显要部位	两人盘桓交错，侧身换位			
	道具	木鸟、弓箭、面具			
备注	此动作贯穿全舞				

整个过程，舞者动作相对单一，或呈原地晃动态，或换位跑动。在同样自然状态的呼吸型里，舞者以"跳蹉步"为动作显要部位，动作重心呈腰部的上下状态。"直线、圆周晃动"的流程规律，道具（木鸟）的起伏、（弓箭）伸张和收缩，构成桃弓苇矢驱除疾疢的戏剧性情境，展示了原始拜物教、太阳崇拜或占卜的意蕴。2/4的跳跃性节奏，紧张而灵动，代表

了行傩者的愿望——驱逐害鸟，祈求庄稼丰收。意义内涵：逐疫祈福。

形成这种典型舞蹈语汇的环境因子包括：

（1）生产——劳作方式

贵池百姓认为赤鸟是吃庄稼的害鸟，以弓箭驱逐之，意在保护庄稼，以利丰收；另一说为：赤鸟是旱灾的罪魁祸首，逐之意在驱除灾祸。这种与人的基本生存相关且带有极强故事性的行为，造成了戏剧性的场面，自然引发追逐与跑跳的舞蹈内容。

（2）宗教——原始崇拜

桃弓苇矢驱除疾殃的古老习俗，是厌胜巫术的当代遗风；赤鸟与旱魃、太阳鸟（三足乌）的传奇关系，都印证了原始拜物教、鸟兽崇拜等初民信仰的当代"转存"。这些祭祀仪式都影响着舞蹈形态的走向，左右着动作的构成。

（3）道具——木鸟、弓箭、面具

浓厚的宗教色彩，使道具浸染了丰富的礼仪内容。木鸟的奔逃，弓矢的收放，舞者的换位、屈伸与跃动，弥漫了信仰成分。换言之，因为具有这样的仪式含义，才会出现这样的运动过程和舞蹈形象。

（4）音乐——进行速度、跳跃

伴奏的锣鼓"套子"具有快速、迅捷的2/4节奏，有一种催促行进的运动感，形成雀跃、灵活的形象，与舞蹈相呼应。

四、《踩马》

《踩马》也是贵池傩舞的重要类型之一。如前所述，《踩马》是表演和仪式的综合体，而且"因为马是由神来驾驭的，神有各自的历史和分工，所以踩马便有不同的目的和内容。计有：'关公踩马'、'五猖踩马'、'花关索与鲍三娘'以及由鲍三娘演化的其他历史故事，如'关公斩貂蝉'[1]、'鱼

---

[1] 《关公斩貂蝉》，据三国故事编写的杂剧。

神娘娘'[1]等"[2]。而形式上,也有地马和高跷马之分,参与搬演的人数二至六人不等。内容丰富是贵池《踩马》的特征,目的或是用于请神、"出圣"(包括"起圣"和"落圣")驱疫,或单独纯粹为逐除疫疠,但皆承袭了汉代"大傩"衣钵,具有傩祭涵义。

这里,我们以山湖村唐、王、项三姓的《踩马》作为个案,进行一下形态分析:

(一)踩地马。舞者为4位男童(分别承应"关索""鲍龙""鲍虎""鲍三娘"),着战袍,扎竹马(关索骑红马,鲍三娘骑白马),动作包含"发令"(舞令旗)、"遛马"、"交战"等,体现古代大将风采。随仪式拜树、逐除、串村,做完整祭祀套路。动态有交叉的跑马步、打斗、摆架子等。锣鼓击节,按场图换位。

案例

表 3-4 典型舞畴因子观测分解表

舞目:《踩马》"地马"					
典型舞畴	呼吸型	自然型			
	节奏型·音乐	2/4 × × × ○ × × × ○ | × × × × × ○ |(锣鼓伴奏)			
	节奏型·舞动	随音乐起舞,重拍突出			
	步伐·脚	步伐类型	跨步幅度	重心状态	流程走向
		屈步、前点步、跑马步	低度(约10厘米)	腰部,上下	上下,前后脚走直线
	显要部位及其动作流程	大小腿:原地屈步蹲起。两臂:右手挥鞭,左手侧举,上下折动二度,旋转时左右挥臂			
	次显要部位	脚:后错步站位;肩,侧向横移;转,逆时针;四人位移			
	服饰	戏曲行头			
	道具	竹马(纸制假形)、令旗、面具			
备注	此动作贯穿全舞				

---

1 西华姚的傩舞中有男女二人执刀剑对打,称女将为"鱼神娘娘"。疑仍为花关索与鲍三娘故事的讹变。可能由于抄本残缺,将"鲍"字从形读"鱼","三"字讹音读"神"。

2 何根海,王兆乾.在假面的背后:安徽贵池傩文化研究[M].合肥:安徽大学出版社,2000:75—76.

如表 3-4 所示，"踩地马"的舞蹈动作相对简单，且分阶段进行。舞者在自然型的呼吸类别中，以步伐的屈、点、跑跳步，下肢的蹲起，双臂的上下挥动为动作显要部位，以脚的错步、肩的横移、转体和换位为次显要部位动作，身体呈腰部上下纵向移动的重心状态。"上下挥动""直线走向"的流程规律，服饰（戏曲行头）和道具——竹马（纸制假形）、令旗、面具——的综合运用，形成一种祭礼的戏剧情境，展示着傩舞驱疫的文化意蕴。2/4 的周正节拍起始，继而速度略为加快，形成递进的紧张感，舞蹈随之同步。意义内涵：骑马逐除，驱马赶鬼——借圣人故事，行祭礼之实。

形成这种典型舞蹈语汇的环境因子包括：

1. 宗教——民间信仰

骑马做傩事，古已有之。汉代宫廷大傩自是鼻祖，"乡人傩"只能用价廉的竹马代替，但同样行使傩的功能。跑竹马，宋代已流行于市，且遗韵传播至今，自然会影响傩舞的动作形态。

2. 服饰——行头

使用戏曲行头作为服饰，必然规定了舞蹈动作的特征、模式带有某种"程式"的影子，但幅度不会过大，以跑场图为旨归。

3. 道具——竹马（纸制假形）、令旗、面具

假形（竹马）和面具，是民间傩祭的标志，同时也规定了上肢的舞动。

（二）踩高跷马。舞者为 4 名未婚男青年，每人踩两只杉木制的高跷上，身穿竹马（假形）、头戴面具搬演，分为头、二、三、四马（四马是女将）。高跷马的动作套路与地马相似，基本为征战之意，舞旗发兵引出对阵交战。动作有"蹭角""踩""两头忙""搓边子""斗马""悠马""刀枪"（对阵作战）等，对阵又分"绞丝马""过寨""三刀""架寨""团寨"等五种套路进行。

案例

表 3-5　典型舞畴因子观测分解表

		舞目:《踩马》"高跷马"			
典型舞畴	呼吸型	自然型、非自然型			
	节奏型·音乐	4/4 ｜ x．x　x x　x．x　x○ ｜ x．x　x x　x．x　x○ ｜（锣鼓伴奏）			
	节奏型·舞动	随音乐起舞，重拍突出			
	步伐·脚	步伐类型	跨步幅度	重心状态	流程走向
		走步（踩高跷）、小跑步	低度（约5厘米）	匀速或快速交换	左右交替走直线
	显要部位及其动作流程	两臂：右手挥令旗，左手前"勒马"，上下折动二度			
	次显要部位	肩，侧向横移；四人逆时针方向位移			
	服饰	戏曲行头			
	道具	竹马（纸制假形）、令旗、面具			
备注	此动作贯穿全舞				

如表 3-5 所示，"踩高跷马"的舞蹈动作比踩地马更为单一，但难度系数提高，且分慢板、快板两段进行。舞者在自然型的呼吸类别中，舞者以高跷走步、小跑步，双臂的上下挥动"舞旗"为动作显要部位，以两臂侧移的"勒马"为次显要部位动作，身体呈匀速或快速交换的重心状态。"左右交替""走直线"的流程规律，服饰（戏曲行头）和道具——竹马（纸制假形）、令旗、面具——的综合运用，形成一种祭礼的戏剧情境，展示着傩舞驱疫的文化意蕴。4/4 的"原板"节奏起始，舞至中间段落，速度加快，形成策马交战的氛围，但节奏型是统一的。意义内涵：骑马逐除，祈福求嗣。

形成这种典型舞蹈语汇的环境因子包括：

1. 民间信仰——祭祀

同"踩地马"一样，"踩高跷马"的行傩含义依然，只是增加了表演的技术难度和仪式套路的丰富性，使得舞蹈动作的难度和内容相应有所增加，这必然影响典型舞畴因子的变化。

2. 服饰——戏曲行头道具——竹马（纸制假形）、令旗、面具

与"踩地马"用途、特征、意义相同。

3. 音乐——节奏与促音

伴舞的音乐具有均匀的 4/4 节奏，行进中紧接加快，表现争斗的紧张场面。

五、《魁星点斗》

傩舞《魁星点斗》主要流行在贵池姚姓家族，南边姚傩神会的殷村、毛坦、楼华、庄村等五村均搬演之。姚村、虾湖、西华也有此舞目。舞者一人，袒胸赤脚，戴绿色狰狞面具，有獠牙，也有双角向上。左手执方形木斗，右手执朱笔，做踢斗、点斗的动作。意思是天上的北斗星宿复兴和护佑贵池的文运。

案例

表 3-6　典型舞畴因子观测分解表

舞目:《魁星点斗》					
典型舞畴	呼吸型	自然型			
	节奏型·音乐	2/4 ｜ x.x x.x x.x x ｜ x.x x.x x.x x ｜ 2/4 ｜ x.x x ｜（锣鼓伴奏）			
	节奏型·舞动	随音乐起舞，重拍突出			
	步伐·脚	步伐类型	跨步幅度	重心状态	流程走向
		碎步、跳蹉步	低度 （约 10 厘米）	腰部，向下	圆周、直线
	显要部位及其动作流程	两臂：右手持笔，左手握斗，直臂向前，横折动二度			
	次显要部位	右臂轮动，摆旋三度			
	次次显要部位	左臂横折动二度			
	道具	笔、斗、面具			
备注	此动作贯穿全舞				

上表 3-6 表明,《魁星点斗》的舞蹈动作较简单,舞者在自然型的呼吸节律中,或碎步跑场(此步伐,当地百姓称"魁星步"),或斜线跳蹉步。以步伐的低幅度、持续性和上肢的横折动为动作显要部位,以腰为轴动作重心向下,做圆周和直线的流程走向。道具的挥舞,突出"文运昌明"的主题。三种 2/4 的音乐节奏变化,正合了不同内容的舞蹈动作。意义内涵:祈求家族文达官通。

1. 宗教——信仰、祭祀

"魁星点斗"作为一种民间信仰,自古及今,盛行于大江南北;其内涵之变迁,文化事象之繁盛,祭礼仪式之纯一,亦为民俗领域之"绝品"。这些都不同程度地影响了舞蹈形态构成。

2. 道具

笔和斗,是该舞的核心内容;"点斗"的环节,致使舞蹈动作在自然状态的基础上做了典型化的处理,形成高低错落的手臂位置。面具的本质属性,标定了舞蹈的文化意义——傩仪,这也就决定了动作的仪式化倾向。

3. 音乐——节奏:均衡与变异

伴舞的锣鼓音乐有三种 2/4 节奏,先是均衡的【长槌】,之后转入【急急风】,表现"点斗"过程;继而,再进入切分跳跃性的节拍。三种节奏构成三种情绪,与舞蹈的节奏型相呼应。

综合上述以典型舞畴为核心的形态分析,我们对贵池傩舞的舞蹈形态有了一个相对宏观的理性判断。在此,本书试图对其动作形态做一规律性的概括:

(一)节奏型

构成贵池傩舞动作形态的基本节奏型既有均速的"脉动"式节奏,又有变速的"弹性"式节奏。一般情况下,舞蹈都呈现"A—B—A"的节奏段落,A 段基本上是匀速状态下的 2/4 或 4/4 节拍,《舞古老钱》《舞伞》《打赤鸟》《踩马》《魁星点斗》,几乎共同具备这样的特征;B 段是变异段落,有的傩舞种类进入此段时音乐会加快速度,也有的舞种"无视"这段落的节奏存在,而始终如一地遵循着 A 段的节奏在运行,保持着"脉动"的整齐划一(如《舞伞》《踩马》)。第三个 A 段,往往是节奏的复归,一般以维持"脉动"式节奏为主,事实上恢复动作形态的恒定性,以表达周而复始的生命节律、"万世一揆"的文化选择以及对立统一的节奏关系——和谐统一。应该说,这是一种相对比较早期的节奏方式,其复杂度和变化类型都相对简单一些,从本体角度,正体现了原始文化的当代遗存特性。

(二)呼吸型

多自然型,鲜见非自然型,正与节奏型的基本规律相关。一般在慢板或原板性的【长槌】节奏,或者 A 段呈现中,都是自然型的呼吸类型;而在中板、快板性的如【跳槌】、【急急风】等节奏,或者是在 B 段时,其呼吸方法就与自然型的呼吸方法有所不同,它是人体在特殊状态下的一种特殊表达方式,呼吸型自然也变成经过训练的、有控制的呼吸类型了。如《踩地马》中的"提"与"沉",就是随着动作的升降形成的需要特别控制的呼吸状态。同时,在动作转换、连接或急停时,更需要合理地运用"提、沉、屏、聚"等呼吸方法。就比例而言,在傩舞呈现过程中,自然型的呼吸成分大大高于非自然型的呼吸成分。这同样表明,与节奏型相应,贵池傩舞的呼吸型大体属于简单的类型,舞蹈形态相对古朴,原始意味浓厚。这从一个侧面证明了它的历史完整性和较高的认识价值、文化价值。

(三)步伐

通过对各类贵池傩舞的典型舞畴的形态分析,我们发现:(1)舞蹈形态的下肢步伐动作较丰富,如《舞古老钱》的蹲步,《舞伞》的马步,《打赤鸟》的跑跳步,《踩马》的屈步、走步、小跑步,《魁星点斗》碎步、跳蹉步等。这些步伐既相对独立,又与肢体其他部位连接成一个整体,通过肢体各部位与身法的整体结合,组成环环相扣、缺一不可的链条,最终形成一个完整的贵池傩舞的外部形态。(2)贵池傩舞动作运动的整体观,意味着步伐犹如中国古典舞一样,是"以身法带步伐"的,即一个步伐不是孤立的下肢动作，往往涉及到上肢躯干的含、仰动律，整体重心的留、送动势，运动路线的全方位调度等。换言之，贵池傩舞的任一步伐，都是整体动态构成的完全激发之具体表现。（3）这种"整体性"的步伐带有较强的东方运动审美特征，步伐的重心转换频率较高，离地度与跨步度相对较小，同时伴随膝部的自然协动，使得步伐显得含蓄、内敛，颇具东方特征和神韵。

（四）显要部位动作

"腰部"和"两臂"是贵池傩舞形态的显要部位动作。无论是《舞古老钱》的蹲步、《舞伞》的马步、《打赤鸟》的跑跳步，还是《踩马》的屈步、走步、小跑步，《魁星点斗》碎步（"魁星步"）、跳蹉步等，都是"以腰为轴"牵拉全身运动形成的步伐；而"转伞""舞钱""执笔""挥鞭""勒马"等，则都是双臂折动与转动构成的千变万化的动作。这表明，"发力为腰"的中国舞蹈共性特征在贵池傩舞这里又一次得到了证明，而上肢变化丰富的中国传统舞蹈运动方式，同样在此得到了实在的印证。再加之腰、臂的"划圆"运动，也标明了贵池傩舞的中国身体文化气质。

（五）运动流程

从形态分析中可以看出，无论是《舞古老钱》和《舞伞》的"上下颤动"流程、《打赤鸟》的"直线晃动"，还是《踩马》的"上下、前后、左右交替走直线"，以及《魁星点斗》的"圆周""直线"流动，统统囿于"线"的折动和"圆"的转动的运行过程当中。观动作的外部动态，肢体运动所遵循的路线——"线"的概念——至少可以包含直线、弧线、折线、圆线等不同的运行种类；观动作的内部韵律，"线"的含义则又应表述为肢体运动过程中内在意识的旋律感，或行云流水，或跌宕起伏，或前后呼应，或穿梭如龙。而这内在的旋律感，基本体现的是中国人体艺术"圆—转"的运动旨趣，也正是"线"的艺术最终指向的文化精神之所在。

上述例证，仅是形态分析的实际研究过程之一隅；但无论怎样，这般研究方法与思维结构，奠定了贵池傩舞研究的全新面貌，对于本土化的舞蹈文化人类学建设大有裨益，影响亦很深远。

第二节　舞蹈构图

如果说上述引用的舞蹈生态学的形态分析方法和研究成果构成了对动作和舞者的本体分析的话，那么，作为静态成分出现的"舞蹈构图"，同样可以构成本体研究的基本要素加以关注。相比较而言，舞蹈构图作为形态之整体构成的一个组成部分，或曰本体因子项之一，同样包孕着舞蹈表意与功能的意义。

依舞蹈学的观点，舞蹈构图指的是舞者在舞蹈呈现空间中的运动线（不断变更的舞蹈路线或队形）和画面造型。它是构成舞蹈的重要因素。一般意义上，舞蹈空间运动线分为斜线（对角线）、竖线（纵线）、横线（平行线）、圆线（弧线）、曲折线（迂回线）五种，而画面造型则可分为方形、三角形、圆弧形、梯形、菱形等基本图形。这些构图因素都具备一定的表意功能和审美形式感。不同的运动线，可以展示舞者情绪、节奏的变化；各种图形的分散、集中、平衡、对称、高低、动静、正反、明暗等变化，形成多样统一画面和舞蹈的风格。[1]事实上，舞者身体自身动态中亦包含了一定量的构图内容，但本书已在前面的"形态分析"章节中做过充分论述，在此不必赘述。

然而这样的构图理论只能解释舞蹈本体的构图涵义，若要更深层次地认识构图的本质和功能意义，则须开掘新的思维方式和学科视角。于是，我们的触觉自然指向了另外一个方兴未艾、但对舞蹈学来说又有边缘意义的图像学。

1　中国艺术研究院舞蹈研究所《中国舞蹈词典》编辑部.中国舞蹈词典［M］.北京：文化艺术出版社，1994：445—446.

图像学的方法是对造型艺术作品的意义结构进行全面的科学分析的方法。这一学科产生的目的，即是为了发现和解释艺术图像的象征意义，揭示图像在各个文化体系和各个文明中的形成、变化及其所表现或暗示出来的思想观念。图像学由图像志（Iconography）发展而来。图像志一词来自希腊语 εικωυ（"图像"，古希腊专指图像的精鉴），到二十世纪，它已发展为关于视觉艺术的主题的全面描述研究。与图像志比较，图像学更强调对图像的理性分析。当然，它更多研究的是绘画主题的传统、意义及与其他文化发展的联系。图像学大师 E. 潘诺夫斯基在《视觉艺术的意义》一书中，对图像志和图像学作了系统的阐述。他认为，图像学对美术作品的解释须分三个层次：一、解释图像的自然意义，即识别作品中作为人、动物和植物等自然物象的线条与色彩、形状与形态，把作品解释为有意味的特定的形式体系。二、发现和解释艺术图像的传统意义。例如，确切地指出画面上的人物、花朵象征着美德，13 个人围坐桌前描写基督及其门徒在进行最后的晚餐等。这种对图像所表现的故事、寓言等传统意义，即作品的特定主题的解释，叫做图像志分析。三、解释作品的内在意义或内容，这种更深一层的解释叫作图像学。一个国家或一个时代的政治、经济、社会状况、宗教、哲学，通过艺术家的手笔凝聚在艺术作品中，成为作品的本质意义和内容，即潘诺夫斯基所谓的象征意。图像学与图像志的不同之处，就是图像学发现和揭示在作品的纯形式、形象、母题和故事的表层意义下面潜藏着的更为本质的内容。换言之，图像学是把艺术作品作为社会史和文化史中某些环节凝聚或浓缩的征兆进行解释的。

　　将图像学的理论思维方法之合理内核加以引用，并依据本门研究对象的内在逻辑加以适当的理性观照，便可引申出自身的学科视点。具体到贵池傩舞的舞蹈构图研究，我们可以认为，其舞蹈构图的形式及其内在意义的揭示，均可沿用图像学的思路来得出结论。下面就是这种方法的实证应用，我们依然以典型舞目作为分析的对象：

一、《舞伞》

贵池傩舞（戏）搬演时，往往以《舞伞》作为开场舞段。《舞伞》亦名《童子舞伞》，相传"童子是玉帝的得力侍卫，武艺超人，能捉拿其他神无法捉拿的妖魔鬼怪"[1]。《舞伞》的构图主要有三种方式：

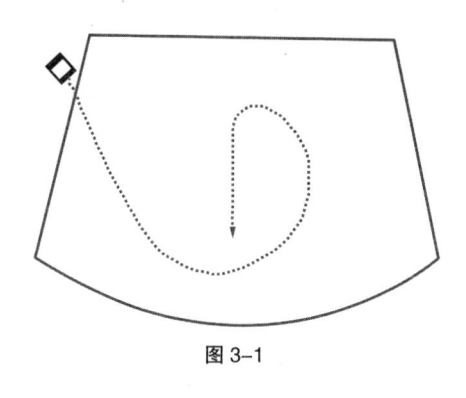

其一，童子从表演区右后偏4点的位置（靠近舞台的"上场门"处）出场，便步以弧线方式走向1点，经1点向场中后区走弧线，至近5点时转身继续返向1点，走弧线（图3-1）；

其二，童子在近1点处逆时针方向走一小圈回原位（图3-2）；

图 3-1

其三，童子右手执伞，向左转身走一小圈（逆时针），动作同上述第二点，行至表演区前部（接近1点），再向6，7点之间下场（图3-3）。[2]

图像释义：

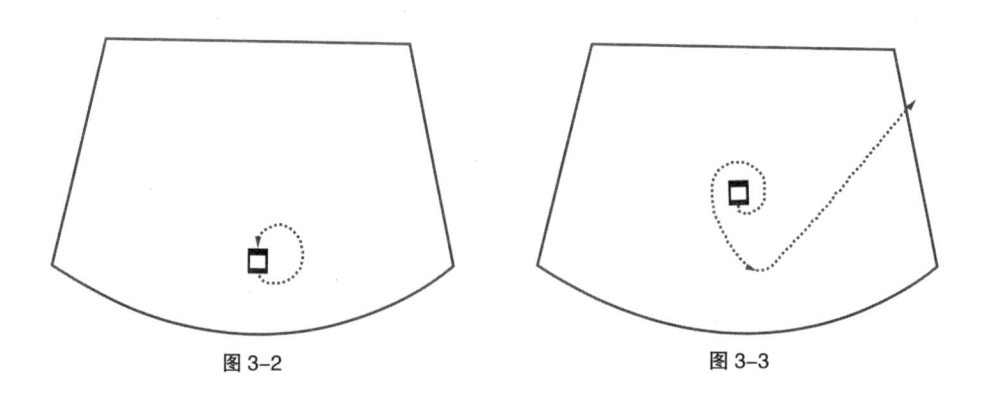

图 3-2   图 3-3

---

1 中国民族民间舞蹈集成编辑部．中国民族民间舞蹈集成（安徽卷）[G]．北京：中国ISBN中心，1995：1010．

2 参见中国民族民间舞蹈集成编辑部．中国民族民间舞蹈集成（安徽卷）[G]．北京：中国ISBN中心，1995：1010—1012．

《舞伞》的构图线路，从外在形式看，基本遵循了逆时针的"划圆"图式，呈两大、两小的构成。第一个"大圆"，从出场到1点—5点—1点的弧线运动；两个"小圆"，即一个1点的自转和接大圆前的再次1点自转；第二个"大圆"，即随着第二个小圆后的下场"大圆"。从文化旨向看，构图上的"划圆"模式，与"舞伞"的"天圆地方"概念形成内在互动关系，以象征"天人和合"的圆融气象、阴阳平衡的心理欲求。从内在本质和象征意义看，"逆时针旋转"的图式含义是中国传统哲学、经学、宇宙观的基本运行理念的具体体现，是《易经》学说和太极阴阳图式的典型表征之一。"反者，道之动"[1]，"从反面做起"的原理，直接对应了老庄哲学的基本立场，而这种运行的走向和轨迹分明贯穿了《易》学传统的"变易"精神。贵池为古楚文化之地，天然的巫傩文化传统熏陶了此地民风、民生，千百年来香火始终延续。这些生态因子的综合掌控，自然界定了贵池傩舞的历史存在和文化分量。仅一《舞伞》便可见一斑。

二、《打赤鸟》

　　《打赤鸟》的舞蹈构图方式有六种：

　　其一，二舞者（饰一弓、一鸟）自演区4点向1点—8，7，6，5点跑圆场，鸟至场地前中，面对5点，弓至场地后中，面对1点（图3-4）。

　　其二，二舞者横移——弓由5点向4点"晃手跳蹉步"平移，鸟由1点向8点晃手跳蹉平移，二人相向而行（图3-5）。

　　其三，二人对面做对角线移动，手位同"其二"——弓由4点至8点，鸟由8点至4点。（图3-6）

　　其四，二人相对"晃手跳蹉步"移动——鸟自4，5点间到1，2点间，再到5，6点间；弓由1，8点间到5，6点间，再到1，2点间（图3-7）。

1　老子.道德经[M].四十章，长春：吉林文史出版社，2004：209.

图 3-4　　　　　　　　　　　图 3-5

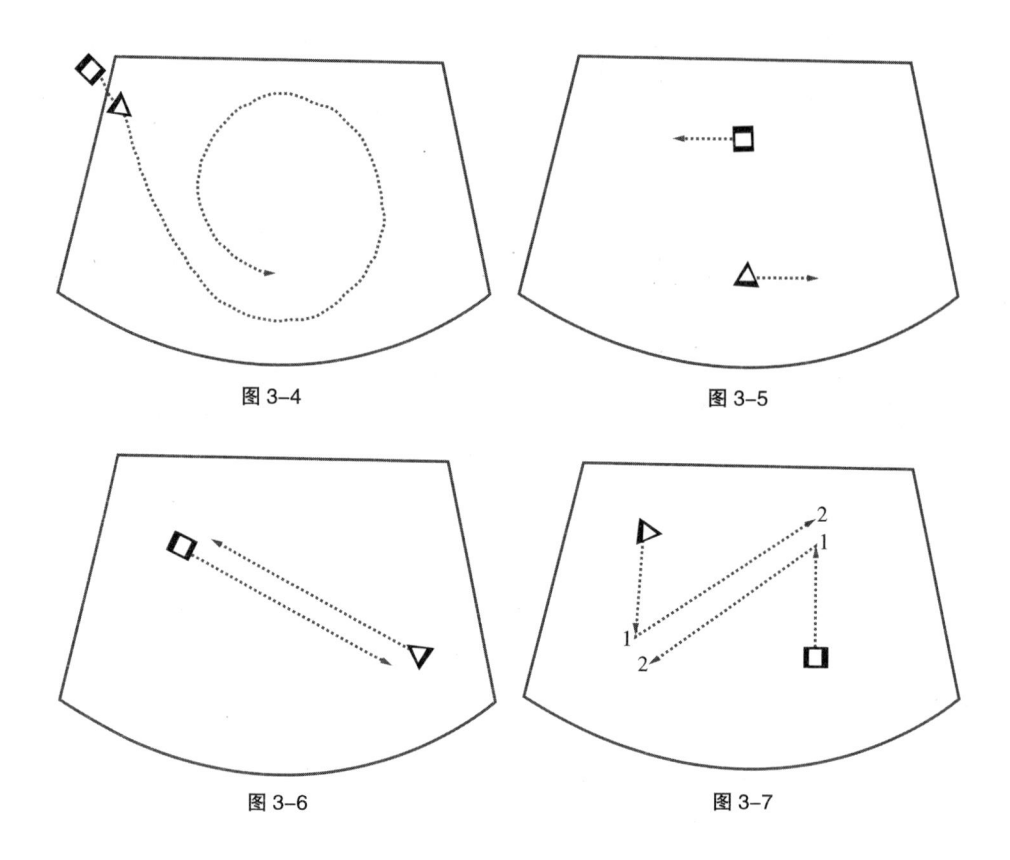

图 3-6　　　　　　　　　　　图 3-7

其五，二人相对"晃手跳蹉步"分段平移——鸟由 6 点向 5 点走，弓由 2 点向 1 点走。到位后，二人继续行进——鸟由 5 点走向 4 点，弓由 1 点走向 2 点（图 3-8、3-9）。

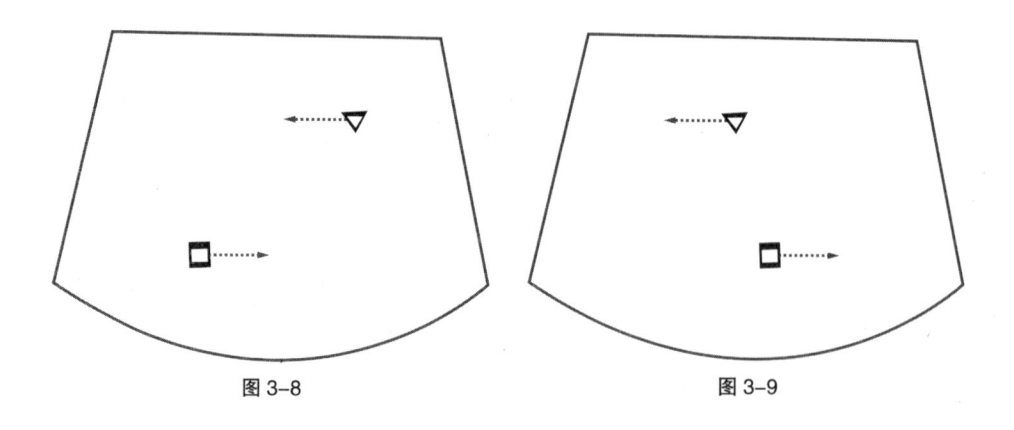

图 3-8　　　　　　　　　　　图 3-9

其六，二人各自逆时针转身，弓4—8—7点、鸟8—7点碎踮步圆周下场。

图像释义：

《打赤鸟》的构图给我们这样的意义启示：（1）考察外在形式，不难见出，它同样遵循"逆时针"方向跑场图的观念，而且维持起始和结束段落的圆周运行；中间五个段落的构图方式发生棱角型、尖锐性变异，但宏阔观之，整体走向上依然沿袭着"逆时针"的流动走向，即便是很大幅度的折返，规律亦然。（2）考索内在含义，可以发现，无论圆周还是有棱有角的运动，它们都整合如一地体现着"天圆地方"的地方思维精粹，以及周而复始的佛教或民间信仰中的"轮回"观念。据王兆乾先生考证，贵池傩舞《打赤鸟》中"喊断"的唱词曾提到"打个鹦哥献主人"这样的内容，并认为《打赤鸟》"是一段鹦哥的自述，说它在二十年前是个小后生，贪图富贵为主人打鸟……后面没有再说下去。按照民间信仰，人死后如果生前行善积德，经过轮回，可以有一个美满的来世，并且可以福佑子孙；而做了坏事，经过轮回，或变成各种鸟兽，在世上受苦，或永堕地狱，备受刑罚。无疑，以上两段词是鸟的自白，它的前身是个打鸟人。后面的意思大约是：因为打鸟，杀生过多，经过轮回，自己也变成将被他人追射的鸟"。（3）考察其本质和象征意义，正如王兆乾先生所说，第二个"喊断"唱词中的"第三句和第四句词却像是打鸟人的语气，夸耀自己如何善射。而最后一段却又似乎是代表行傩者的愿望，驱逐害鸟，祈求庄稼丰收"[1]。笔者附议王先生的观点，认为这种"弓箭驱傩"的古老传统与弓、鸟之间如"踩罡"或走八卦般的运行线路，的确存有某种内在的联系。否则，唱词的内容岂不成了"无根之木"，无所依傍了吗？即便研究者怀疑它是后来附会到傩仪中的。

---

[1] 何根海，王兆乾.在假面的背后：安徽贵池傩文化研究[M].合肥：安徽大学出版社，2000：48—49.

三、《魁星点斗》

《魁星点斗》的舞蹈构图，主要有七种。整个过程，是一个相对"漫长"的"点斗"征程，象征着克服一切艰难险阻的信念和意志。具体呈现是：

其一，与《舞伞》和《打赤鸟》相同，一舞者装扮的"魁星"同样从演区 4 点向 1—5—1 点"划圆"运动，走"魁星步"（碎步），如图 3-10；

其二，舞者面向 5 点（那里有一方桌），从 8 点向 5 点，用"魁星步"走直线，如图 3-11；

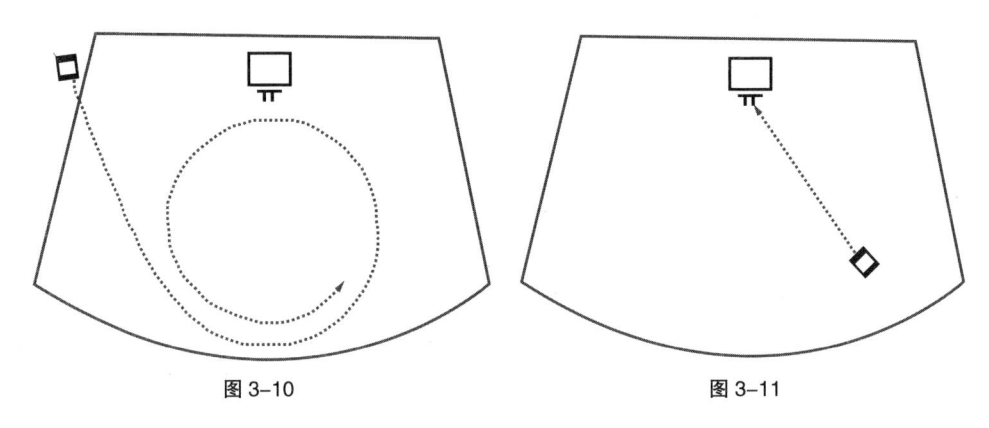

图 3-10　　　　　　　　　图 3-11

其三，舞者从 5 点向 1 点走碎步划圆，经 8—7 点再向回划圆到 7，8 点和 1，8 点之间的交会处，如图 3-12；

其四，舞者从上图的交会点出发，逆时针走弧线和直线到 5 点，依然采用"魁星步"，如图 3-13；

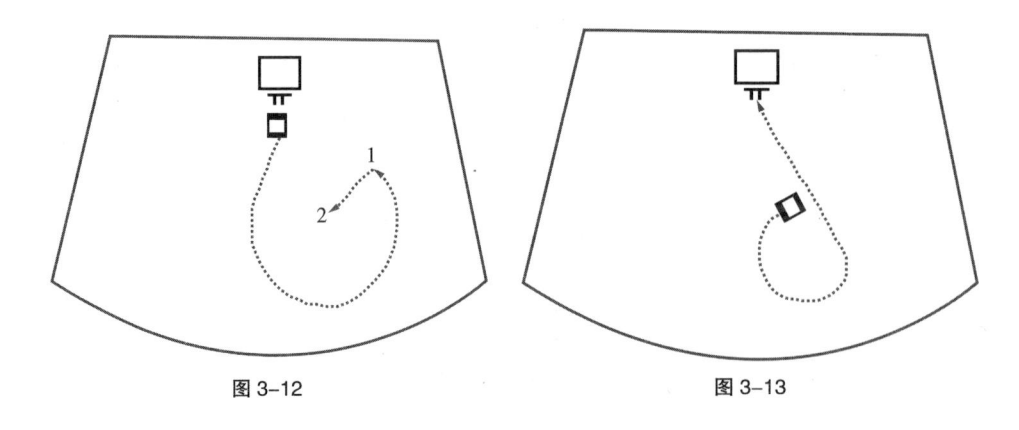

图 3-12　　　　　　　　　图 3-13

其五，舞者走碎步，从5点经台中向1点—偏8点—7点—6点，再回到5点，线路呈不规则的椭圆型，依然"反向"（逆时针）运动，如图3-14；

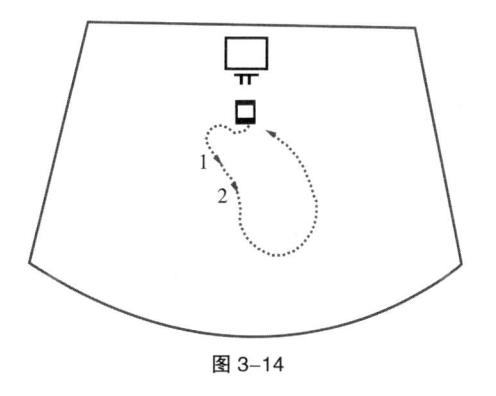

其六，舞者动作同图3-15，但运动路线略有调整，即走一个"偏左"的斜圆，也就是舞者从5点出发，经偏1点方向走弧线，再折回向1、8点—7点—5点划圆，场图仍旧是不规则的椭圆，如图3-15；

其七，同样承继了图3-15的路数，舞者再走一个"偏左"的斜圆。不同的是，舞者从5点出发，经偏1点方向走弧线向后台折回，直线向6点下场，如图3-16。

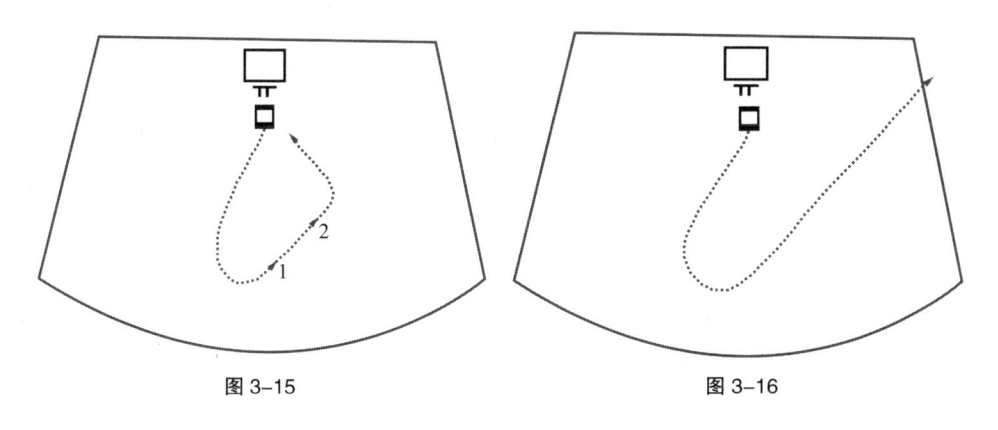

图3-14

图3-15

图3-16

图像释义：

《魁星点斗》的舞蹈构图，意义有几方面：（1）从外部形式看，它依旧保留了"反向运动"的构图特征，始终如一地调节着"变易"中的平衡，各种构图都在"划圆"动律中暗示着天地、人神之间的相互协调与和谐统一。（2）从内在寓意看，因为有"魁星"是天上的北斗七星的说法，所以舞蹈构图中常出现的不规则圆周可能就是星宿的象征，舞者巡行的具体路线，就是"北斗星"的具体方位。（3）从其本质和象征意义看，明末顾炎武的《日知录》认为,"魁星"之"魁"当是天宫七宿中"奎"星之讹误。《孝经援神契》说:"奎主文章。"在科举时代,人们十年寒窗,希望夺魁。魁者,首也,所以,取其吉祥意,"奎主文章"便成了魁主文章,从此,魁星便成了追求功名利禄者崇尚的神。[1]事实上,贵池傩舞《魁星点斗》的主旨应是畅达文运。

以上"转译"的图像学分析,只是择贵池傩舞之要者阐释其所蕴含的文化意义,以期从另一媒质的动态层面勾勒贵池傩舞的本体特质,把握核心物的本质。而舞蹈生态学方法论的运用,又为本书的科学分析插上了翱翔的翅膀,使舞蹈的自律美学研究找到了一个全新境界。

总体观之,舞蹈构图作为贵池傩舞形态构成的重要组成部分,具备如下属性:

一、就形式或外在表象而言,贵池傩舞遵奉了传统审美中"出将""入相"的基本流程,在表演区内始终没有采取更多、更复杂的构图线路铺排搬演过程,这样的"上、下场"理念,表明其文化属性的单纯和原始;同时,它通过构图方式而反复强调的"从反面做起"的运动规律和无所不在的"圆周"运动,再一次具体印证了东方思维中最具生命力的图像模式——"太极图"的影响。

二、就文化意义与内在本质而言,宏观方面——贵池傩舞的运动规律与内在逻辑揭示的是"天人合一"的中国传统哲学观、生命观、宇宙观;微观方面——运动状态中的贵池傩舞,其形式感中的各类因素无不清晰而恰切地指示出"阴阳和谐"以及"反者,道之动"的精神气质,而这又是中国传统哲学和美学思维的至上追求。推而广之,我们考索过的许多民间舞蹈,其动态流程大体都遵循了"反向运动"的理念,其背后的理论依据即是二元相生、相克,而又"离合始反"的《易》学内涵。进言之,与这种构图意蕴相关的文化旨趣,包含了民俗信仰的"万物有灵",文化功能

---

[1] 参见何根海,王兆乾.在假面的背后:安徽贵池傩文化研究[M].合肥:安徽大学出版社,2000: 58.

的"人神共融",生命本质的"阴阳平衡",以及东方哲理的"大道无形"。

客观地说,这种认识和结论是有相当可信度的,它得益于实证性的图像学研究基础。一方面,我们的材料来源真实、具体、可感,更可知,故而可以言之凿凿;另一方面,正因为有确凿、实在的材料系统作为支撑,所以立论自然如金石撞击般掷地有声,甚至于某种推想亦有真凭实据,且言之有物。这便是本章节成果的学术意义之所在。

傩文化的原始性和原生色彩,保留了人类文明最鲜活的灵性,并以恒定的内力连接古今,形成了颠扑不灭的生命火焰,延续了最富价值的文化根脉。贵池傩舞,便凸显了这样的价值。

第四章
"人神共寓"
——贵池傩舞文化探究

解释人类学者认为文化研究须具备两方面的意义:一、人类文化的基本特点是符号的和解释的;二、作为文化研究的人类学也是解释的。自从人类学出现以来,人类学者始终如一地致力于建立一种独特的文化洞见,也就是我们倾力追求的"主位观"的研究视角乃至思维态度,即"用本地人的观点解释本地人(被研究者)的文化"[1]。正如格尔茨曾经指出的:

> 理解本地人,再次使用这一危险的术语,理解其内部生活的形式和压力,更像是掌握一句谚语,抓住一个幻境,看到一个玩笑,或者像我已经指出的那样,阅读一首诗,形成一个文化的礼拜与思想的交流。[2]

人类学者的使命就是通过参与观察获得对当地文化的认识,并以人文学的姿态,对当地文化进行解释。这种解释决非刻板的推理,而是丰富的富于诗意的人文沟通,是人类知识和生命态度的话语表述,是一种具体思

---

[1] 王铭铭.西方人类学思潮十讲[M].桂林:广西师范大学出版社,2005:120.
[2] Geertz, Clifford. 1983. *Local Knowledge* [M]. New York: Basic Books: 70r

考下的人生经验的理性传承。文化分析是一种探究意义的解释科学，不是寻求规律性的实验科学。

第一节 发生：意识的能动

当我们开始对原始意味浓厚的文化之发生学进行研究时，就无可置疑地处于各种关于人类审美意识和文化（含艺术）发生的假说中。我们不必罗列那些早已为人知的诸多发生学理论，但有一点必须加以注意，这些理论除了它们之间各自在科学上的合理性和"它们看待世界和运用科学的不同方式之间的不可比性"[1]之外，"一种综合性的多元性发生学理论正在形成"。可以认为，"所有这些多元论的倾向，并不就是对在艺术起源问题上众说纷纭的一种无可奈何的调和、折衷，而在于在艺术的最初阶段上，可能就是由多种多样的因素所促成的，因此推动它得以产生的原因不能不带有多元论的倾向"[2]。但多元论并不意味着在文化发生的过程中，每种因素都居于同等的地位。过去的发生学说的不足之处在于，它们没有在文化人类学的研究成果、考古学和民族学的新材料，以及心理研究的图景上去架构一个发生学的有机逻辑体系，才无法理清所有因素的确切功能，才无法弄清它们怎样在一个有机结构中共同促成了文化乃至审美意识的发生。

对于人类学来说，田野考察与文化比照乃其理论建构的基本源泉。田野考察是人类学研究的具体实现，通过这一实践，人类学者了解了某一文化，建构了对人、社会、文化的理论。从这个角度说，田野工作不仅是一种人类学的研究方法，更主要的，它是人类学者认识世界的依凭。文化比

---

1 ［美］T. S. 库恩. 科学革命的结构［M］. 李宝恒、纪树立译，上海：上海科学技术出版社，1980：3.
2 朱狄. 艺术的起源［M］. 中国社会科学出版社，1982：171.

照或比较则是人类学者在不同文化之间寻求异同点的努力。田野工作的结果就是民族志（Ethnography），而民族志的结果中又包含着两种学术倾向，亦即人类学者时常遵循的思维角度——主位观与客位观、当事人观点和研究者观点。马林诺夫斯基主张"主位观"的视角，即以当地人的观点看当地的文化，并以"移情"来称谓之。而格尔茨则从一个真实的理论立场出发，发展了马氏观点。他认为，人类学者的观点不可能等同于当事人的观点，同时也没有必要等同于当事人的观点。[1]

人是寻求意义的动物，人类所谓的"意义"，包含认识、感情和道德的一般性思维，同时也包括知觉、观念、情念、理解及判断等在内的综合性概念。解释人类学认为，试图描写"规则"的民族志的叙述是"浅描"（thin description），而从研究对象出发的、主观的、对"意义"的细致、深刻的描写，才是所谓的"深描"（thick description）。其精髓在于，揭示行动与文化诸要素之间的内在关系，并由此来解释行动的意义。这表明，"民族志性质的记述被认为有三个特色：首先它是进行解释的记述；其次是指所解释的对象社会性对话的过程；第三，解释是在那种对话尚未消失之前试图将'所说的内容'保留下来，使其成为可阅读的文本。……第四，……它是微观研究"[2]。很显然，解释人类学提倡"主观民族志"的理论模式，致力于搜寻当地人对其文化意义系统的本土理解或阐释。

在本书的第二、三章中，笔者专门铺陈了关于贵池傩舞的"民族志"的考察结果及相关的研究结论，本章笔者将聚焦贵池傩舞的文化比照和深层的意义分析问题。在笔者看来，解释人类学的结局之一，即是揭示了某种文化事象的发生意义。而解释贵池傩舞的文化涵义，首先，需要从发生学的角度认识这种古老而年轻的文化形态，因为它背后包含着深刻而本质

---

1 夏建中.文化人类学理论学派——文化研究的历史[M].北京：中国人民大学出版社，2003：330

2 夏建中.文化人类学理论学派——文化研究的历史[M].北京：中国人民大学出版社，2003：332.

的文化"意义"。

一、心理发生

所谓"发生"永远是一个过程。"从研究起源引出来的重要教训是，从来就没有什么绝对的开端……一些起源是无限地往回延伸的，因为一些最原始的阶段本身也总是以多少属于机体发生的一些阶段为其先导的。"[1]

应该像所有的原始文化发生一样，贵池傩舞的文化发生，至少包含了物质层面的——生理发生和意识层面的——心理发生两个基本部分。但在此，我们不必过多地探讨它的生理发生，那是与原始人的物质发生相关的一个庞大而繁复的学科系统，与本书的研究对象原始文化的现代遗存之间的关联并不具备必需的表述逻辑，因而可以从略。基于这样的认识，我们的研究当从心理层面展开。

贵池傩舞发生的心理诱因，与生存需求、生产需要、原始宗教和文化习俗相关。作为一种独特的文化现象，它所反映的民众心态是多方面、多层次的，积极、消极、浅层、深层，而且各种心态交织粘合，幽深微妙，令人难以准确把握。概而言之，贵池傩舞大约有如下的心理动因：

1. 自然崇拜："万物有灵"

自然崇拜，是人类初始阶段一种朴素的宗教形式，即"万物有灵"的原始信仰，它是人们对变幻莫测的自然世界既依赖又惶恐的情感反映。囿于此种心态或情态，人们确信人与自然界直接同一，"物我两忘"，"天人合一"，一切尽在相互作用中得以和谐把握。于是，周围的自然物被人格化了，自然物或自然力量亦被赋予了意识、魔力乃至生命。人们依据个体或群体的利益、习俗、需要，以各种方式顶礼膜拜这些自己创造的"神灵"，祈求它们庇佑保护、降福禳灾。贵池傩舞神祇系统的复杂迷离，各氏族在行傩过程中均有隆重复杂的迎神、请神、送神仪典，表明这种习俗

---

[1] ［瑞士］皮亚杰，王宪钿等译，胡世襄等校，发生认识论原理［M］.北京：商务印书馆，1985：17.

的原始文化遗存属性明显，更表明其上古传统的源远流长。贵池傩舞中，属于自然崇拜的神灵主要集中在"傩神"与"阳神"两大领域，并且通过仪式的方式得以体现。所谓"傩神"系统，即是指前文所述"仪式"结构里从"请神"（迎神下架、拜年、社坛启圣、傩舞）到遣神（《孟姜女》、《刘文龙》、《舞回子》、煞关）再到送神（送神、送寒衣）、吃邀台的诸环节中与傩相关的主体神灵，其中也包括"打社公"与"舞土地"、"问土地"、"三星拱照"、"关公登殿"等环节中的神祇，选择它们的基本理念在于傩舞作为祭祀仪式的本体需求——"逐除驱疫"。而所谓"阳神"系统，则主要指划在"请阳神"和"新年斋"和《孟姜女》"朝庙"之后由年首颂扬出了的神明，是一个无所不包的神祇系统，如天上的如来、观音、太上老君、太白金星、风伯雨师、雷公电母以及廿四气、三十六候、春夏秋冬降福使者等，地上的城隍、社公、土地、田公地母、二郎神、开花童子、结实郎君、五猖神以及各庙宇神、各桥梁使者、宅基之神、坟墓之神、风水之神、灶王爷、东厨司命等，人间的关云长、包公、杨四郎、昭明太子、刘文龙、薛仁贵等，"艺术之神"有傩舞中人物和角色行当，如银花小姐、梅花小姐、末、净、生、旦、丑、外[1]等，此类神明的搬请目的在于广义的傩事功能——"祈年纳吉"的实现。

很显然，这里的空间和时间意识被人文化了，原始自然宇宙观决定了人的最初观念和形象的基本性质，形象体系成了人们理解自然宇宙和自身的一种方式。一方面，先民对宇宙、自然的终极关怀形成了形象的精神内核，所有的形象都是对终极意义的幻象，是它的实体形式；另一方面，形象和自然万物一样，生生不息、流转万变。形象类型和形式的多样正是早期人类感知的具体表现。对自然宇宙的终极关怀意识，事实上就是先民情感和意志对客体世界的一种理解。对形象来说，从根源上支撑起形象精神内核的是主体的情感和意志。形式流转万变的根本来源不在客体，而来源

---

[1] 虽然这里的神灵包含了许多人化神的成分，但从文化分类上，他们仍属于"自然崇拜"的范畴，因为此崇拜的核心理念是"万物有灵"。

2. 人文崇拜：社神和祖先

以此为凭，贵池傩舞的宗法制社会特性得到了加强与继承，宗族社会的内聚力得到了强调与深化。对社树与社神的崇拜，构成贵池民众驱疫、祈福、纳吉心理的主流，形成宗族的精神支柱。有关社祭的内容，本书前面章节已有较为充分的论述，在此恕不详细阐释。但就文化发生和理论意义而言，社树、社神崇拜具有强烈的文化学色彩。以大树为社神的神主，源于人类自然宗教时期万物有灵观念下的植物崇拜，英国著名人类学家弗雷泽在其代表作《金枝》中谈到早期人类崇拜树木花草的原因时说："在原始人看来，整个世界都是有生命的，花草树木也不例外。它们跟人们一样都有灵魂，从而也像对人一样地对待它们。"[1] 正是因为树木自古以来就有神灵的依附，而土地广大无际，邈无形迹，在人们产生土地有灵的观念后，自然会借助其他具有神灵的象征物来作土地神灵的凭依，那些生长茂盛的大树无疑是土地生殖功能的产物之一，自然而然也就成为土地神灵的象征物。关于社址，闻一多先生曾言："原始时期的社，想必是在高山上一座茂密的林子里立上神主，设上祭坛而已。社一名丛，便是很好的证据。"[2] 可见草木丰茂的地方常常是古人立社的胜地，先择木而后立以为社，正合古意。贵池傩社的立社之处便是如此，无一例外。树的神性，很容易使它转化为土地神的神主，转化的原因自然很多：大树高耸有如天梯，易于神灵沟通天地、人神，此其一；树木葱郁，可做神灵栖居之所，此其二；干脆认定大树即是社神之化身，对社树不敬，就意味着对社神的亵渎，此其三；"土地生万物"最好的体现即是这些高大茂密的树木，此其四。有了人的这些心理因素存在，必然会造就"社树"的神灵地位以及它在整个傩仪过程中的特殊含义和价值。

祖先崇拜，显然是更进一步的人类心理因素激发的结果。事实上，社

---

1 ［英］詹·乔·弗雷泽.徐育新等译，金枝［M］.北京：中国民间文艺出版社，1987：169.
2 闻一多.闻一多全集：第一卷［M］.北京：生活·读书·新知三联书店，1982：103.

神崇拜的主要对象即是祖先,从这个意义上说,社神崇拜就是祖先崇拜的具体表现。在宗法关系浓厚的贵池,对社神和祖灵崇拜已成为宗族结合的精神支柱。在贵池先人看来,祖先与今人沟通的可能性随时随地在发生着,今人必须通过祭祀仪式达成这种沟通;而"行傩"作为这种沟通的上佳渠道,被贵池先民历史性地选择了,历久而不衰的仪式变迁也没有改变这样的选择,于是,所有贵池人能想到的崇拜方式都融进傩舞、傩仪之中。青山庙会的四方朝贺、茅坦杜跳傩时祭祀的"十二把镰刀"("祭茅年"[1])等等,都无一例外地体现着"尊祖敬宗"的意思,随着时间的推移,它逐渐衍化成了维系宗族关系的情感纽带。

　　祖先崇拜意识导致了这样一种可能,即先民们基于对祖先灵魂的崇拜之情,将祖先的能力无限扩张,这种扩张必须借某种外在力量来实现。具有超人力量的自然物或人文神所显示出的能力便成为先民们实现这种意图时的主动选择。同时,这也并不排斥另外一种可能性的存在。由于经济生活发展的推动,种族内部的等级制度的形成与发展,在精神和物质上维护这种制度的合理性便成为人们必然的心理要求,人群就需要一种维护这种制度合理性的形象。许多贵池傩舞面具雕刻形象表现出来的威吓气势和怪异表情,都隐喻了某种权力的意义,沉积了原始等级制度的缩影。傩班首领——"年首"(或族长)权威的存在,本质上也是祖先崇拜心理在贵池傩舞中的变相反映,他对一切傩事行动的至高无上的权力状态或无可替代的功能,无疑是祖先崇拜观念的具体表现。另外,跳傩"求子"的心态,主旨依然在血缘繁衍、敬孝祖先的范围内。从拜树到拜祖先,在"互渗律"的交感巫术语境下,贵池傩舞的精神取向充分显现了文化选择的必然性。

---

[1] 相传在杜姓氏族先祖初来茅坦时,这里尚是荆茅丛生的荒蛮地带,杜姓祖先为了能在这里栖止生息,拿起镰锄割草垦荒,种植庄稼,据说先后用坏了十二把镰刀,开垦了大片土地,从此便在此繁衍生存下来了,后人为了缅怀凭吊先祖披荆斩棘的创业功勋,便将他们用坏了的十二把镰刀搜集起来,存放祠堂,悉心保管,年节时,将这十二把旧镰刀视为先祖的化身而加以祭祀膜拜,并将此祭仪逐渐衍化为宗族祠祭的重要内容。"祭茅年"仪典是乡民祖先崇拜的宗教化投影。

3. 心理动因：祈福禳灾，追求自由和人生幸福

历史悠久是中华民族的文明优势，但超量磨难的始终伴随也为悠长的历史和其中的民众增加了辛劳，越是底层民众的境域，对生命与美好事物的期盼就越热切，这是生命本质的自然表达。贵池人祭祀田公地母、风师电母、开花童子、结实郎君、二郎神、二十四气、三十六候诸神以及傩舞《打赤鸟》，仪礼《问土地》《问社公》等，意在祈望风调雨顺；拜观音、行傩舞旨在乞求人丁兴旺；祭祀风水神、宅基神、灶王爷诸神，行《三星拱照》《招财进宝》之舞，期望福星高照；拜刘文龙、昭明太子（文孝菩萨），舞魁星，唱《刘文龙赶考》傩戏，但求功名显赫、前程似锦；祭华佗、五猖和《舞判》，意在除魔避凶，永保安康；《刘文龙》《摇钱记》《孟姜女》，旨在歌颂挚爱和自由婚姻……这些，都体现了贵池民众古今一致的向往自由、幸福生活和美好爱情的心理实际。

人神共娱，同享和谐、欢乐，也是贵池人舞傩的又一心理动因。对神的取悦乃是原始艺术的一个重要母题。舞蹈则是这种母题的主要表现方式。关于这一母题的意义，苏珊·朗格有一段很精彩的论述："原始人生活在一个由各种超凡的神灵主宰的世界里，这些超人或尚未发展成人的生灵，那些具有巨大魔力的神灵鬼怪，那些像电流一样隐藏在事物之中的好运气和坏运气，都是构成这个原始世界的主要现实。艺术创造的推动力，这对所有人都显得十分原始的推动力，首先在周围这一切神怪的形象之中得到了自己的形式。那祭坛或图腾旗竿周围的魔圈，那'基瓦'（即神庙）之内的圣区，都是理所当然的跳舞场地，在一个由各种神秘力量控制的国土内，创造出来的第一个形象必然是这样一种动态的舞蹈形象，对人类本质所作的首次对象化也必然是舞蹈形象。因此，舞蹈可以说是人类创造出来的第一种真正的艺术。"[1] 朗格的这段话有两点值得注意。其一，对神的献媚取悦活动是原始舞蹈的必然性质。其二，人类借来自于神灵的推

---

1 [美] 苏珊·朗格. 艺术问题 [M]. 北京：中国社会科学出版社，1983：85.

动力所创造的舞蹈本身也是人的本质力量对象化的方式。前者表明，对隐藏于自然物后巨大的无人格力量的信仰以及后来的灵魂信仰，都表现出人类认识世界的基本精神特征，在这种精神特征中，原始人类所能选择的只能是试图沟通主宰人类命运之神，并使其在人格化的历程中，成为人类各种生存需要的直接精神来源。至于朗格所说的舞蹈中的人的本质力量对象化，似乎可以这样理解，在舞蹈中所达到的致幻状态实际上也同时培养了先民对虚幻世界的身心感悟，而这对他们的文化创造来说，又是一个重要的来源。致幻状态中的想象力可以是无羁的、超常的。对神的构想，对神秘之境的向往，共同构成了先民的精神自由感。对于正在不断获得理性秩序的先人或朴素民众来说，舞蹈中的那种难以言喻的人与人之间的微妙感应、复杂组合形式等正是强化这种秩序的极好方式；同时它又是协调人类生命中各种不和谐因素，诸如战斗中的紧张情绪，胜利后狂欢的热情，性爱中迸发出的不可抑制的躁动等等的最好方式。因此，悦神的最后目的还是体现在自悦上，但这是一种不自觉的，或者说是自然的目的。取悦于神的舞蹈图景，恰恰表达出人的活动方式和精神特征。小调、山歌、民舞和民风，伴着耍龙灯、踩高跷、舞狮子、扭秧歌、划旱船等，都成为平复民众枯寂生活的消闲和娱乐契机。贵池傩舞，作为原始文化的现代遗存，当然地具备原始文化的基本内核，舞体的理念与傩舞的内涵都无一例外地证明它的属性，并完满地履行了义务。

4. 社会道德：惩恶劝善

惩恶劝善是一切宗教的基本诉求，也是和谐社会、圆满生命的最高理想，贵池傩舞中的文化英雄、屈死的亡灵或神祇身上，发散着惩恶扬善的光环，他们以德报德、以怨报怨的朴素道德心态，充分体现着人类早期思维中质朴无华、本真诚恳、纯白无二的心理取向、道德判断和思维境界。贵池傩舞（戏）的善恶分野十分明确，傩舞中的所有神祇和多数"鬼魅"（冤魂、英雄的亡灵等）都以"善"为本，少数"恶"鬼皆为驱逐的对象（厉鬼、游流鬼等）；傩戏中的刘文龙、范杞良、孟姜女、包公、薛仁贵等代表善的力量，宋中、吉婆婆、鲁王、黄员外、郭槐等便是恶的化身。值得一提的是，贵池傩舞的惩恶劝善，思维状态更多地停留在人类的原始信仰阶段，体现的是一种心理欲求和发生，"觊觎"的是原本意义上的人性辉光。这与后来日益强大的纯粹宗教思维不在同一层面，很难相提并论。

5. 宗教意识：佛、道、巫

即使是宗教心理发生，贵池傩舞也没能真正意义上达到那个程度。贵池乃佛教名山九华之腹地，乡民笃信佛教者甚众，民间文化受佛教影响的必然性客观存在；加之佛家意味浓重的目连戏的流行，极大地增强了傩舞形态中佛教因素的余味。刘街乡、茅坦乡的神祇中的菩萨、如来、观音等形象，《新年斋》的"断词"及三个和尚的表演，都是明证。除了佛缘，贵池傩舞（戏）还搬请了许多道教神祇，如玉皇大帝、李老君、太白金星、九天玄女、金童玉女、何仙姑、吕洞宾、铁拐李等，傩戏当中的《刘文龙赶考》《章文显》《花关索》等亦深受道教文化熏陶；当然，"崇祀好巫"的楚国文化遗风，对贵池傩舞的影响更为深远，人们用傩仪来抚慰心灵、笑对灾难、抒发情愫，以平和内心，这才是贵池傩事的根本。三者相比，还是巫傩文化的底蕴更厚实、深邃些，民众真实的精神寄托就在于此。有此，贵池傩舞的基本文化属性——带有民间原始宗教意味的巫术，就此形成了。

上述五种心理动因的存在，为贵池傩舞的形态发生奠定了"物质变精神"的先天基础，使巫傩之术的自然选择成为了可能，也为傩舞的心理发生提供了充要的依据。

二、文化发生

文化发生，无疑是心理发生的推进与扩展。它使心理欲求物化成具体形态，在更为深广的意义上展开影响，涉及物质与精神的人类文化全方位概念，层面更多，复杂度更高，研究的难度无形中增大了许多。

在发生学的意义上，我们所面临的复杂情况是，由于人类文化的发生经历了一个漫长的过程，而且此过程的某种非演化性质使得现代原始文化形态仍具有发生学的意义。所以，我们的发生学研究就有三种对象，同时，它也构成了发生学意义上的三个阶层：一是史前人类文化的发生，二是史前文化具体形态的发生，三是现代原始文化形态的发生。后两类发生学的意义在于，它们除了遵从史前人类文化发生共同原则外，自身发生的特殊原因仍存在。通过这三个发生系统的划分，有可能使我们把考古学、人类学的实证材料和已有的发生学理论，把先民活动的精神图景和民俗学材料，把个体发生的逻辑意义和种种发生的历史线索结合起来，去研究各种发生学问题，使得那些带有原始意味的文化研究能复现远古文化的某种片段，增强研究的真实性。

最具有发生学意义的是史前人类文化的发生问题，因为它身上包含了史前人类文化的实践发生和心理发生，而这一切又是在原始物质文明和精神文明的大背景中实现的，因而可以说它代表了文化发生的原初状态。在史前文化具体形态发生这个层面上，各类文化的具体形态呈现突飞猛进的发生和演进势头，并以其丰富性和独立性保持着和文明社会中的文化艺术的血缘关系。

现代原始文化形态具有上面两级的所有意义和特质。因为，在它的形态中，不仅沉积了大量难以解释甚至不可解释的原始意识，而且在具体形态的发生原因上，也和史前文化具体形态的发生原因有某种一致性。因此，在某种程度上，对它的研究可以印证史前文化的发生原因。但不可否认，在它的非演化性特征之外，演化性特征在人口的历时性变化中是存在的。因此，它自身具备了一些新的发生学意义。当然，其中难免杂糅进了一些文明样式的特质。从这个意义上说，来自于巫术等的精神性实用功能是具体的文化形态发生和演化的重要原因。

贵池傩舞的文化发生符合上述理念和基本原则，其自身也形成了一个自主发生的实用网络，但本书的视角更多地还是坐落在几个具体支点上，因为它们的存在基本决定了贵池傩舞的文化走向，体现了它的发生学本质。

（一）生殖崇拜

1."红鸡蛋""过马背""百代伞"与男性生殖崇拜

茅坦乡唐姓傩舞《高跷马》中，有一种"过马背"的民俗。基本过程是：当四位舞者穿假形"骑上马背"时，许多青年夫妇（尤其久婚不育的）纷纷将供于面具前的红鸡蛋拿给头马，等待他将鸡蛋从马腹上过一遍传给四马，四马再将其交给年首，摆在神坛上，求

图 4-1　供桌上的红鸡蛋

子者祭拜神坛和鸡蛋，并迅速接过年首分送的鸡蛋拿回食之，据说此民俗有利于生子，又名"过马背"。关于此举的文化涵义，有学者认为是古老的"卵生"文化或卵崇拜的反映，笔者附议此观点。很明显，这种民俗实际体现的是原始思维里的男性生殖崇拜的内容，是远古文化的当代遗存。关于卵生神话，古往今来的文献记载与野史论证颇多，上至盘古、简狄，下至今天的侗、苗诸民族，"其深层反映的都是初民以鸟象征男根、奉行男根崇拜、推重'卵'（睾丸）生殖作用的历史事实"[1]。贵池茅坦"高跷马"中的鸡蛋"过马背"习俗，其深层蕴含同样是崇拜男性生殖力，乡民通过"过马背"仪式旨在增强鸡蛋的神灵特性，增进生殖力，相信食之便可促进和确保生育、繁衍。

事实上，这种生殖崇拜最终发展成一种巫傩信仰。当先民将蛋能孵鸡鸟、人吃亦能生子的直观联想和简单类比加以放大成巫术仪式时，仪式就成为信仰的载体。吃蛋本身即是一种巫术行为，旨在将鸡蛋旺盛的繁殖功能吃进身体内而使其获得强大的生殖能力，这是染触巫术和祈子巫术的具

---

[1] 赵国华.生殖崇拜文化论［M］.北京：中国社会科学出版社，1990：276.

体体现。

如此这般，吃蛋与生殖之间就形成了一种互为因果的关系，而这种关系分明构成了一种巫傩关系，成就了一种巫术仪式，而且流传至今。

另一个男性崇拜的贵池傩舞形式是《舞伞》。伞分为舞者用的和仪仗用的两种，前者多五色纸条糊成，纸条披靡下垂，中有一竹竿，舞者执伞上下、左右旋转于石臼（社石）之前。这里的伞为男根的代表，执伞上下、左右旋转是男女交欢的隐秘暗示。《舞古老钱》的钱伞相合，也是男欢女喜的象征。另外一种用做仪仗的伞，名曰"百代伞"。它以绸缎刺绣众多莲花做围布，上面的莲花由各户提供，添丁即捐，莲花瓣多表家族兴旺，每隔60年换一次伞。"百代伞"的含义有三：首先，其称谓正契合世代繁衍、绵绵不绝的文化意象；其次，"伞"在贵池傩舞中的男根意义是不容质疑的；第三，"莲花瓣"意味着生殖力强大，故而家族兴旺，所以被民众视若神明，其功用相当于舞伞上的五彩纸条。因为"曹村每年傩戏演毕，送神后，在社坛舞过的神伞上的披靡状纸条，即被众人哄抢，置诸乞子妇女之床上，据信有宜男之效。"[1] 而且，每年的莲花瓣回赠，表明此物在贵池人心中有很强的酬神还愿性质，带有祈神、求福的意思。总之，无论舞动的伞，还是仪仗的伞，在贵池傩舞中，它们统统带上了生殖文化的神秘色彩。

图 4-2 舞伞

2. 社祭与女性生殖崇拜

明嘉靖刊本《池州府志》载有："凡村落自（正月）十三到十六夜，同

---

[1] 王兆乾. 傩与中国的龙信仰 [J]. 池州学院学报，1993：1.

社者轮迎社神于家，或踹竹马，或肖狮象，或滚球灯，妆神像，扮杂戏，震以锣鼓，和以喧号，群饮毕，返社神于庙。"

以特定的树木作为社神的神主，称为社树。《白虎通·社稷》云："社稷所以有树何？尊而识之，使民望见即敬之，所以表功也。"树本来在人们的原始观念中就具有神性，古人借此而奉为土地神的神主，原因当然是多层面的。其一，大树因其高耸容易引起人们关于天梯的联想，《淮南子·地形训》有所谓"建木在都广，众帝所自上下"；其二，还因其葱郁，便被认为是神灵栖居之所，甚至干脆认定大树即是社神之化身。

社祭，在古代，具有强烈的生殖崇拜意义。相传远古先民行"桑林"之祭，就是崇拜女阴的，形式多为积土为坛，形成女阴象征物，人们便将这类处所叫做"社"。根据闻一多的考证，"原始时期的社，想必是在高山上一座茂密的林子里立上神主，设上祭坛而已"[1]。据原始文化研究的结果，树叶具有象征女性生殖器官的原始意义，所以后世为"高禖"建祠（即建"社"）时，必须植树。可见"社"在早期是祭祀生殖女神的主要场所，后男性崇拜兴起并逐渐入主社坛，构成了社祭的主要对象，以前社坛女性生殖器官的象征物逐渐降格为男性生殖器官的附属物。但无论如何，社坛总是生殖崇拜的"主场"。贵池刘街乡曹、金、柯三家每年正月十三在社树旁，向着石臼和大枫树祭拜和"舞古老钱""舞伞"，那石臼即是女性生殖器官崇拜的象征物。另外，村民在"迎社神于家"时"妆神像"《舞滚灯》的祭祀性舞蹈，有学者从其砌末的造型和机能以及男女舞者恣肆欢舞的情态和场景，认定它也与崇拜生殖相关[2]。

（二）《打赤鸟》与太阳崇拜

傩舞《打赤鸟》是贵池姚街、茅坦等地山民正月间傩事活动的重要表演节目之一。赤鸟的神话原型是太阳，即"三足乌"，故而《打赤鸟》即

---

1 闻一多.高唐神女传说之分析［M］//闻一多全集：卷1.上海：开明书店，1948：103.
2 何根海，王兆乾，在假面的背后：安徽贵池傩文化研究［M］.合肥：安徽大学出版社，2000：200.

图4-3 打赤鸟

是远古太阳崇拜的结果。先民们千方百计想与太阳对话，向它倾述喜悦和苦痛。这种沟通对话的前提是将太阳活物化、人格化和神化，让太阳扮演主体角色。久而久之，"赤鸟"便成了太阳在世间的物质载体，甚至连太阳的运行都与赤鸟相干，是它驮着太阳飞的。这是一种动物崇拜与自然崇拜交相渗透的产物。于是，在世界神话学领域中很具有母体意义的"日鸟合一"现象，在贵池傩舞中也有了探索的空间。但无论如何发现，《打赤鸟》的"太阳神"崇拜属性不会变。

中国古代的太阳崇拜包含了相当大的两重性。一方面，太阳的光明哺育了世间万物，而另一方面，太阳也带来了干旱、炎热等一系列生存环境问题，因此，历来都有射日与救日的神话。救日神话是以太阳为善之神，而射日神话则是将太阳作为仇恨对象而攻击之。因"日鸟合一"的缘故，对赤鸟崇拜与打杀并存的心理贯穿于贵池傩舞的始终。这里包含几层意思：首先，《打赤鸟》的表象意义在于除却旱象，犹如古之"后羿射日"的功能；进一步发展的中间意义，是一种祈雨仪典；第三层次，企望丰收，驱鸟保苗，也期盼人丁兴旺，部族繁衍昌盛；第四，打鬼、驱邪、去火的崇拜，体现的是村民通过跳傩来祈祥、求正、祛灾、避害的精神本质；第五，射日打鸟是一种巫术行为，或交感，或祈雨，或祈春，或丰产等，总之是一种傩仪，负载了多种民间祭祀的文化内核，能指与所指相当复杂。即便如此，也不能动摇《打赤鸟》的太阳崇拜主体意义，只是增加了许多田野中国民间信仰的复杂内容，诸如阴阳五行观念漫润下的祈年迎春、驱阴导阳、禳解灾祟等。总之，贵池民众通过《打赤鸟》的傩舞仪式将天、地、人、神互渗同构成了一个不可分离的整体。

需要注意的是，在民俗学层面上，鸟的生殖意义是明显的。闻一多先生曾指出，"脽字本只作隹。隹鸟古同字，俗正呼男阴为鸟也。老子以鸟为赤子阴，则犹俗语谓小儿阴曰鸡儿，曰麻雀"[1]。贵池傩舞《打赤鸟》在太阳崇拜的同时渗透着生殖崇拜的内容，也是不足为奇的。因为那是一个多元文化、多种崇拜交织杂糅的资源状态，一种形态背后往往隐含了数种文明的因素在综合地发生作用。由此观之，《打赤鸟》的文化意义决不仅限于"太阳崇拜"一个层面。

（三）昭明太子

在贵池傩祭中，梁昭明太子是一位规格很高的大神。他不仅是贵池神坛上的尊者，甚至连其父母、兄弟也都位列阳神之中。

昭明太子萧统，被其父梁武帝萧衍立为太子，自幼饱读诗书，著有《昭明文选》三十卷，为中国最早的文学总集。他生性是个文人墨客的"坯子"，根本无缘帝王之位，而立夭亡，死后谥"昭明"，世称昭明太子。梁王室佛风甚盛，萧统自然潜心向佛；加之南朝暴政，百姓更加认同这位未登基的太子。另据明嘉靖《池州府志》记载：萧统曾食过此地的鲫鱼而赞颂其美味，遂将原名"池阳"更名为"贵池"，从此县治也就从40千米外的石城迁到池阳，改称贵池县。但他本人从无身临贵池的记载，即便这里有很多穿凿附会的所谓遗迹乃至衣冠冢等。但，这样一位谦谦君子，自然会得到民众的拥戴；而且，依中国祭祀之制，"德者必百岁祀"，这位笃信佛教的太子便成了民间祭祀的对象。

贵池人祭祀萧统，唐时已隆重，且安排了专人祀之。《杏花村志》引宋人张邦基《墨庄漫录·昭明庙祝周氏杂记》称："今池州郭西英济王祠，乃祀梁昭明太子也。其祝周氏亦自唐开成年间掌祠事至今，其子孙分八家，悉为祝也。"至宋，祭昭明礼甚重。连诗人黄庭坚都在其《贵池诗》

---

[1] 闻一多. 璞堂杂识[M]//闻一多. 闻一多全集：第一卷. 北京：生活·读书·新知三联书店, 1982.

自注中提到:"池人祀昭明为郭西九郎。时新覆大舟,人以为神之感也。"[1]其中所提的"郭西九郎",即唐、宋以后供奉萧统时的称谓。

在贵池民间,萧统却被称为"案菩萨"或"文孝昭明圣帝",按以往民俗,昭明太子的偶像或牌位都被供奉在各家香案之上。此外,每年正月初六一些村子还有酬昭明"案戏"搬演;演傩舞(戏)时,要在请神仪式中主祭昭明太子。每年八月十五日贵池城内要做"昭明会",以纪念萧统的诞辰。时光荏苒,许多年之后,昭明太子竟然演变为贵池一方的"土主"——保护神(即"社神")了!

事实上,在贵池傩舞的全部环节中,并没有一个固定的舞段或舞蹈动作及流程直接对位于表现祭祀昭明太子的内容,但昭明太子作为整个贵池傩仪中最重要的"社神",全部祭礼都是为供奉他而服务的,傩舞作为其中的因素自然而然地在履行着整体概念上的祭祀义务。

上述对贵池傩舞文化发生的"点状"的中观分析,基本揭示了贵池傩舞的文化立场与客观现实,同时映射出傩舞(傩仪或傩戏)——这种现代原始文化形态的发生学意义:

一、在贵池傩舞身上,饱含了原始思维的残存与停滞。在许多民族的思维判断中,日常生活经验与巫术性幻化和想象的经验混为一体,"万物有灵论"的观念经常衍化在日常行为中。在这样的境遇里,山有山灵,树有树鬼,水有水神,人有魂魄,而且这些幻化的意象无处不在,它甚至构成了一个只有本民族的人才有可能认知的超自然世界。由于这种逻辑结构的存在,原始思维常将不同的事物置于同一结构中,并经常将主体与对象混沌为一体来感知。"这种思维是稳定的、停滞的、差不多是不变

---

[1] 黄庭坚《贵池诗》:"横云初抹漆,烂漫南纪黑,不见九华峰,如与亲友隔。忆当秋景明,九老对几席,何曾闭蓬窗,卧听寒雨滴。不食贵池鱼,喜寻昭明宅。笔砚鼠行尘,芝菌生铜鬲。思成佳句梦,贻我锦数尺,属者浪吞舟,风雹更附益。老翁哭妇儿,相将难再得,存亡如日月,薄蚀行道失,流俗暗本源,谓神吐其食,神理尚有私,丘祷久以默。"

的，不但在其本质因素上而且也在其内容上，乃至在其表象的细节上都是这样……。"[1]

二、在贵池傩舞身上，饱含了诸多原始艺术形式的残存，如舞蹈、音乐（"喊断"、曲牌、锣鼓经等）、戏曲等。它们不仅在各种祭祀、礼仪、操作过程中使用，而且有的已和生活甚至生产混为一体。在这些古老的节奏和韵律中，我们完全可以窥测到沉积于其中的文明的原始涵义及发生学因素。

三、在贵池傩舞身上，相对完整地保留了古老的构图（动态和静态），因"图象继承"，不仅使许多原始的构图特征、技巧形式被保留了下来，而且使沉积于其中的审美心态、意象形式及各种涵义也有了被认识的可能。"图象继承"所带来的这些古老构形意识，完全有可能在特定的文化条件下，促成新的发生学图景。实际上，傩舞的各类舞蹈构图理念，如"伞"的意蕴、太阳崇拜的概念和形态变异等，至今还在舞蹈艺术的诸多环境中反复出现着。

一个偶然但对人类来说又是必然的因素，促成了人类文化方式的变迁，那就是25 000年以前地球古地质的变动和冰期的冲击。这种环境的突变使人们部分地失去了原来赖以生存的条件，他们在寻找新的生活条件时，其心理和行为都是被动和不自由的。因此，巫术、求生的欲望以及由此而来的性、生殖崇拜便有可能在原始人的精神生活中占据着支配的地位。巫术作为原始人操纵自然程序的手段在此时显得尤为重要，而它自身的程序和仪式也日益完备，它所要操纵的原型也日见增多。这种精神形式的巨大膨胀，迫使人们寻找更多的新形态和创造新的图式（动作的或构图的）。在巫术意识膨胀的同时，求生欲望不仅带来了迁徙等一系列生存活动，而且还不断衍生出生殖、性崇拜等一系列观念活动。这就必然要求一系列与观念相适应的物化形态，不断以这些物化形态来肯定原始人自身的自我中心意识。原始人没有纯粹的观念性活动，上述的行为及心理过程恰

---

[1] [法]列维—布留尔.原始思维，丁由译.北京：商务印书馆，1985：102.

恰被这些实用观念的欲望所激发，两者在特定的文化情景中相缠结，使原始人迅速在涂画、运动和行为的兴趣中，在存于自然物体之中的相似形态的诱发中，在内心视象的"投射"中，确认了摹仿与表达的对象，也逐渐衍生了新的视象[1]。贵池傩，作为古傩文化的现代遗存，自然延续了这种"生理—心理—生命机制"，并在历史的迁延中，寻得了自己的发生价值。

第二节 信仰：民俗的根据

本书涉及的信仰，不是纯粹意义上关于信仰的宏观概念，而仅仅是把研究焦点"定格"在民俗文化的学科层面，因而无力去探讨此范畴之外的内容。[2]

民俗信仰，又称民间信仰，是在长期历史进程中，在民众中自发产生的一套神灵崇拜观念、行为习惯和相应的仪式制度。在中国，民间信仰内容丰富，种类繁多，发生久远。其中，巫觋信仰的成分最重，然而随着时间的推移，各类自然神和人文神的数量增加，巫觋的主导地位被日益分化了。一部分巫觋仍坚守民间活动，但大多数功能日渐萎缩，另外的人转入道教，成为巫道的主事。如此的巫道直接影响了傩文化的诞生与前景；换句话说，在巫傩文化的前提下，信仰依然是傩文化拓展的重要依据。一则，它关联着心理；再则，它更关乎文化的基本意义。

民俗信仰具备一定的崇拜对象，且世代相传，社会基础广泛而深厚。一般意义上，民俗信仰的对象包括灵魂、自然神、图腾、生育神、祖先神、行业神等，而实现这些，主要依靠预知、祭祀、巫术等人类行为。而这一切，恰恰是傩文化的基本内涵。这表明，巫傩文化与信仰之间存在着

---

1 张晓凌.中国原始艺术精神［M］.重庆：重庆出版社，2004：113.
2 钟敬文.民俗学概论［M］.上海：上海文艺出版社，1998：187—188.

本质而必然的联系。

贵池傩舞的信仰内容，上述诸方面同样可以涵概。作为民俗文化事象，信仰的存在是民俗得以延续、文化得以传承的关键；同时它也在民族心理发生之上，预示着文化的前景和最终走向。

一、对象

按民俗学的理念考察贵池傩舞的信仰对象，大体呈现如下状况：

（一）灵魂。在贵池傩舞中，属于主要驱逐对象的"冤魂""厉鬼"，因其不能入土为安，恐其危害世人，故而须抑制他们的"行动自由"。但这些鬼族，不属于信仰对象中的"灵魂"范畴。

（二）自然神。贵池傩舞中的社神（树神），即属于自然现象神化的产物；而天上的如来、观音、太上老君、太白金星、风伯雨师、雷公电母以及廿四气、三十六候、春夏秋冬降福使者等，地上的城隍、社公、土地、田公地母、二郎神、开花童子、结实郎君、五猖神等，则属于天体或自然物象构成的神祇。

（三）图腾。在贵池傩的范畴内，几乎无法准确界定其存在。

（四）祖先神。祖先神的供奉，在贵池傩文化圈中似乎难以构成概念和规模。

（五）生育神。在贵池傩中，树神应属于生育神的范畴，但它本身又有自然神的归属，因而具有交叉的特性；社坛上的石臼，是女性生殖崇拜的对象，自然属于此范畴，只是缺少对它的偶像崇拜（没有这枚傩面具存在）。《舞伞》用的"伞"，亦为生殖崇拜的象征，当入此列。另外，主持"过马杯"或"过马背"仪式的马神，也与生育神擦肩而过。

（六）行业神。庙宇神，桥梁使者，宅基、坟墓、风水之神，灶王爷，东厨司命等，都是贵池傩的祭祀对象，它们似乎可以沾上"行业神"的边。

（七）"傩神"。关云长、包公、杨四郎、昭明太子、刘文龙、薛仁贵以及傩舞中人物和角色行当——如银花小姐、梅花小姐、末、净、生、旦、丑、外等，在上述分类中很难归属，应界定为"傩神"序列，单独建立一个系统。这是贵池傩舞本体化的信仰体系，也是整个中国傩文化系统独特的祭祀对象，不同于其他仪式和祭礼的神谱系列，有其个性化的文化内涵，因而有必要独立界定为另一个"神像集团"加以认识。

总体观之，贵池傩是一个信仰对象相对健全的民间祭礼系统，具备民俗学所关注的建立该系统的全部内容，甚至还有特殊的对象空间出现。这表明，贵池傩舞是一个古老的文化类项，它悠久的历史和丰富的原始文化记忆，足以使它成为现代原始文化遗存的典型形态被今人认识，因为它饱含了极其丰厚的人文信息，透过它，我们可以窥视中国傩文化"亘古一脉"的进程和精神气质。

二、媒质

事实上，真正能将信仰的对象与崇拜的表达集于一身的，是信仰的媒质。人的信仰历程起自史前时代，那时的人类意识中，世界是由自然、人和鬼神构成的，彼此共寓于同一宇宙空间。人与自然的沟通是可见可知的，但人神沟通的道路则没有那么简单和通畅，它必须有一个"中间环节"——桥梁或媒质——才能实现，巫觋或萨满就是这个媒质。许慎《说文》曰："巫，祝也，女能事无形，以舞降神者也。"又有："觋，能斋肃事神明也。在男曰觋，在女曰巫。"这里包含两层意思：一、巫觋是以舞来事鬼神的，足见傩舞的由来与巫文化的本质关联；二、巫觋是人神兼具的双重身份的人，因此他能统领世人，带有极强的神秘色彩，是一个文化身份特别的个体。但，随着人的原始信仰程度的淡化，巫觋的身份与影响力日渐萎缩，甚至最终会转化或消失。当然，在相当长的历史阶段内，即便巫觋作为个体销声匿迹了，但巫的功能还会存在，它会因为民间信仰的存在而以仪式的方式延续下去。其中，像贵池傩舞这样的以"冲傩还愿""驱疫求吉"为要义的祭祀仪式，就是巫傩文化当代遗存的典型代表。只是在这里，巫觋的职能早已由"会首"和执事代替，神化的世界已被世俗的气氛冲淡了很多，然而唯一可以保有的，是那份信仰，以及为达成信仰而行动的勇气和信念。

巫觋也好，"会首"、执事和做巫行傩的信徒、百姓也罢，最终，他们都是通过预知、祭祀和巫术三种方式实施其民俗信仰的。所谓"预知"信仰，"是根据自然现象或人的行为表现，推测人物或事物将要发生的变化，以便探知神的态度，预卜吉凶、命运好坏"。它由对预兆的信仰、预言和占卜三部分构成，这在贵池傩仪中不占有重要地位。而所谓"祭祀"，"是民众向民间神祇乞求福佑或驱避灾祸的一种行为惯制，它世代传承，具有相应的仪式制度"。祭祀时，法术、巫术是经常使用的手段，而且实现它必须具备如下因素：一、必须有明确的祭祀对象。二、有主祭人和参加祭祀的人群。三、有一系列祭祀程序。四、进行奉献，主要为神提供衣食所需。人类所经历的各种神灵大都是祭祀的对象，从最初的图腾和祖先祭祀，发展到祭天、祭地、祭日月星辰等。祭祀是贵池傩舞的主要信仰方式，上述内容基本被包蕴其中了；而且，作为祭祀仪式，贵池傩舞的种类之多、内涵之广，其他任何地方均不可比拟。至于"企图借助超自然的力量，对人或事物施加影响以达到某种目的手段"[1]的"巫术"，则是最古老、最普遍的信仰。但在贵池傩舞当中，巫术因素是隐形的、掩藏于仪式之下的行为，虽然模仿巫术和交感巫术的基本形式在贵池傩中都存在，然而真正呈现于人们视野并直接发生作用的，还是祭祀。

从媒质到方式，民间信仰在贵池傩身上的影响力是切入骨髓的，没有一个仪式过程不是在民间信仰的导引下完成的，也没有哪一项傩事行为不是因为有民间信仰的内在依据和本质把握才能达成。从这个意义上说，信仰才是贵池傩舞——这一民俗事象得以存在的"根性"元素，是它成型的基因所在。

---

1 钟敬文.民俗学概论［M］.上海：上海文艺出版社，1998：199—204.

三、特征

上述分析，昭示了民俗信仰的一些基本文化特性：

（一）实用、功利

在中国，民间信仰是与民众的生存、欲望和观念直接相关的，也与他们的生活利益相关。它决非简单的精神追求，而是饱蘸功利和实用目的的行为。只有现实世界中人的生存环境与状态实现了良性循环，人心才有安慰和宁静，安全感才能油然而生。信仰是"草根中国"抵达社会平和、民生良善，生命力得以健康激发的良药。贵池傩仪的文化价值恰恰体现在这里，一方面，它是信仰支配下的行为，尤其在当代社会、文明方式发生巨变的今天，傩事依然能够被民众遵奉和保存，完全得益于信仰的力量；另一方面，傩仪反作用于信仰，支撑了信仰的世代延续，使信仰的功能与作用发挥到应有的程度，足以构成对它的依凭和保有，而使信仰在实用和功利目的的前提下，实现"利益最大化"的理想。回瞻贵池傩舞，几乎所有的信仰成分（从神祇到媒质到方式）都得到了最大限度的保存。

（二）内倾、顽固和神秘

按照一般意义上的民俗学概念，信仰的保有者大多会遵循信仰传承的两大"原则"：一、秘不外传，只在本族或本区域内传承；二、在仪式活动中，利用神话来传播信仰。贵池傩舞的信仰传承基本按照上述原则进行，而且古今一体的传播经历表明：随着历史进程的加速，这种民俗信仰的传衍始终没有走出原有的文化圈，而是在一个相对封闭的环境内自我繁衍与更迭着，形成一种颇具神秘色彩且内省、保守的思维状态；当然，贵池傩的每一个傩神形象几乎都有一个神话故事与之相匹配，这也从另一个角度证明了贵池傩信仰的自在性和少变动性的特质。

（三）兼容并包

中国传统文化的包容性，促成了民俗信仰空间构成的兼收并蓄。在贵池傩舞中，凡为我所用者，都被加以供奉，形成巫、道、佛互相包容的宗教信仰。其神谱构成中出现的天地万物、富有自然与人文色彩的各路神灵，虽背景、立场和文化旨向各自独立，但依然能搭建一个"万神和鸣"的格局，构成中国民俗信仰的"和而不同"的融合传统。

（四）渗透力

自古及今，在中国社会里，以巫觋信仰为核心的民俗信仰始终在对人的生存起作用，而且它渗透到如生产、起居、行旅、饮食、衣饰、文化、娱乐等人类生活的各个领域和角落，功能和意义远远大于其他任何宗教。贵池傩舞，作为这一文化圈内最具影响力的民间信仰系统，无论其发生与变异，还是构成与运行，都成为左右该地区文化形态的主宰因素，既调控了人们的思维方式，又从骨子里制衡了人们的行为，构成一方文化的标志而又切入民众的内心，在潜移默化中造就了贵池人的个性与贵池文化的属性。

（五）世俗化

贵池傩文化虽然具备强烈的信仰意识，但历史的变迁与文化模式的变异终究会以不可抗力的姿态撼动一切文化因子的生存，即便如民俗信仰这样惰性与固化成分异常丰厚的事象，同样无法抗拒历史的选择，而要在合理调节与顺应时代的前提下，不停地完善自己。当人类的脚步日益迈向世俗化的门槛并从中领略了科学与平民意识的力量时，民俗信仰的处境开始变得不那么自如、自在和美妙了。但，信仰毕竟不是一般的东西，更不是可有可无的附属物，它是一个民族的存在方式和依据，是他们的世界观和人生观的具体体现。不论环境如何变迁，处境如何艰险，只要人心不死，信仰的力量将永远不会让位于其他物，因为它是人类生存的"根"。

正如钟敬文先生所言，"就民俗信仰存在的社会根源而言，还有它赖以生存的土壤，所以还会一定程度上存在下去。应该承认，民俗信仰是人类在特定的历史阶段中，为了满足生存与发展的需要，特别是心理安全的需要而创造和传承的一种文化现象，在历史上曾产生过某些有益的作用"[1]。

---

[1] 钟敬文.民俗学概论[M].上海：上海文艺出版社，1998：206.

从侧重心理分析的发生学研究到倚重文化发现的民间信仰考索，我们深刻认识了贵池傩舞的文化属性及其本能，而且，这种认识又是在实地勘察与现场取证的研究方法指导下获得的，应该说，成果的真实性和可信度超过了以往，无论是准确率，还是理性"钻探"的深度。科学实验、微观考察、中观揭示与宏观发现，诱导我最终将思维锁定于文化发生和信仰发现上，并由此衍生出本章的心得。此举，既构成本书文化研究的基本立场，又在全息性的学科探寻上用了点功夫，因而笔者的结论或许能够为既有的研究增添一丝新鲜的意味？不置可否。然而，有一点必须指出，上述成果和结论的由来，都出自对贵池傩舞的实地考察材料，是材料的真实性赋予本书言之凿凿的权力。

结　语

正如格尔茨所言，民族志是"一种具有厚度的记述"，因为"细小的行为之处具有一片文化的土壤"。[1] "如果民族志是深描，民族志学家所进行的是深描的话，无论它是调查日记式的短文也好，马林诺夫斯基的报告书那种程度的长篇记述也好，不论它关于什么事例，决定性的问题是：它是否从递眼色中分辨出眼皮的痉挛，将真正的递眼色与模仿的递眼色区别开来。"[2]

贵池傩舞研究，关注的就是这种"深描"的"具有厚度的记述"，关注的是发掘文化与行为之关系，并以之为契机解释行为（或行动）的意义。进而，我们所关注的文化，如格尔茨先生预期的那样，是当地人背后由人类学家阅读的文本，并且是一个象征体系的文本，揭示着文化要素间的内在关联。同时，行为的社会性实现直接关乎文化形态特质的明确化。人的行为是具体的象征性行为，是文本的符号。人通过象征符号来累积经验，并世代相传。人类学家的职能即是寻求象征行为的意义，以解释其含义。"由象征行为传递的意义进而有机形成的体系就是文化。"[3] 这样的观念暗示我们，把握贵池傩舞的文化意义，廓清它的象征性特质，必须在人与人的互动，行为与行为的交流、冲突中实现。笔者是如此思维的，亦是如

1　格尔茨.深描——迈向文化解释学理论［J］.国外社会学，1996，1—2：41, 43.
2　格尔茨.深描——迈向文化解释学理论［J］.国外社会学，1996，1—2：46, 47, 49.
3　夏建中.文化人类学理论学派——文化研究的历史［M］.北京：中国人民大学出版社，2003：331.

此行动的,因而才有了前文中关于傩舞文化本体内涵和具体行动方式、理念的分析结果。其中,最具学科发现意义的,当数田野考察中的微观认识和中观解析,以及舞蹈生态学和舞蹈文化人类学的形态分析和学理释义。

同时还须认识到,笔者对贵池傩舞意义的读解,是将其"还原"到原有的脉络中、在它特有的环境和氛围里读解的,是一种学术方式上的完整性把握,这种意义的读解是以行动为中心的,具体做法即是介入当地人的行为,尽可能地以当地人的视角来认识他们的行为,并在反复研磨中,使当地人或某个文化圈内人们的行为变换成可以阅读的文本。这种文本是用行动书写的文本,当行动可以承载意义时,它就成为一种象征。而这种意义的传递与交流也是公开的,并非仅仅属于某些个人,在特定的社会中撰写它的人赋予它以意义。笔者的任务,就在于追寻行动者本身如何理解其自身所书写的文本。于是在本书中,舞蹈文化人类学的田野考察方法同样占据了主流的学术表述空间,而对它的充分运用也使笔者的学术思路有了本质的变化,找到了一种利用现代原始文化遗存尽力去解释原始文化本义的思维模式,一些不同于以往的研究结论也因为有了新鲜方法论的介入而初现端倪。

行文至此,本书所能够达成的理论诉求如下:

1. 以个案研究的方式,碰触舞蹈文化人类学的学科本体,在运演中揭示其发生意义,在操作中验证其学理价值。以往的舞蹈文化研究,似乎承接了分析思维中更多的层面剥离方法,喜欢在"去粗取精"的前提下,按照研究者预设的思路构想一种逻辑关系,而形形色色的真实世界本身也许只能成为这种构想的佐料或某些固定思维模式的注脚。几乎没有人会"反向思维",放下理论固定的"架子"观照一下材料来源是否真实、准确;更有甚者,不会有人舍得费尽心思地去挖掘那些舞蹈现象本体和周边无所不包的"细节",而往往那才是真正价值所在的研究素材和理论爆发点。当然,这就是每个个体乃至群体、实践乃至观念、物质乃至精神的"历史特征"——时代性或断代性。没有人或事可以避免或逃脱历史,更没有人可以在终极意义上超越历史，包括它的自由与束缚、革命与桎梏。因此，我们只能庆幸，搭乘了又一辆警醒思维的列车，让我们有机会回过头来"重读"或"重构"那些构成舞蹈本身的物、事、人的存在事实；更为关键的是，我们寻得了一种观照的立场，一种将核心物（舞蹈）与环境（与舞蹈相关的诸环境因子）整合考察并进行事实定量、定性分析的研究模式，透过它的实验，我们再来审看舞蹈时，突然发现了一些隐藏在细节背后的故事，以及蕴藉其中的理性基因。于是，我们的理性素养开始激活我们大脑的思维反射区，循着这条路径，在"全息"意识的导引下，我们行事。渐渐地，文化事象的客观真实背后，规律的"冰山"终于羞答答地显现了美丽的角落！这，便是舞蹈文化人类学带给我们的魅力，本书之成型完全得益于此。

2. 探讨傩舞研究的实践性，力图将其推上"独立学科"的研究走向，逐步实现舞蹈文化人类学学科方法的架构和具体应用，此举，对于舞蹈研究思路的拓新、方法论建设的突破，意义重大。与前一点相比，这里的话语立场似乎又回到了原地，即再从分析的思维惯性入手言说问题。其实不然，将傩舞从整个傩文化形态中"剥离"出来进行"单科研究"，目的在于重新打造一个"文化平台"，让这个相对清晰的层面具备与整体傩文化风貌相类似的景观，也就是"还原"傩舞的文化视野，赋予它的生存空间以充分的文化含量，使傩舞的文化品格真正得以实现。从文化视阈的角度看，恢复傩舞的文化价值认同，是一个具体、可视的宏观考索，它的文化完整性远远大于一般意义上的分析研究，是一个"分析又综合""综合又分析"的过程，观念上的深刻程度超过以往。从这个意义上说，每一个"个案"研究，都能构成一个真实而全面的对象把握，是个"一览无余"的思维结晶，成果的可靠性是可以预期的。这就是本书的学术追求，也是舞蹈文化人类学期望的理论目标。

3. 舞蹈"信史"观的刻意求索。这是隐含在本书文字背面的理论诉求，旨在平复笔者内心深处积蓄已久的学科宿愿：让中国舞蹈的逻辑起点和理论发生找到确切的位置。应该说，中国的舞史研究成果辉煌，否则，中国舞蹈学的学科大厦不可能有今天的模样。但需要指出的是，也许我们以往思维的"目光"过多地青睐公式、定理般的纯粹理性判断，而置鲜活、灵动的文化现象本身所形成的随机的、稍纵即逝的历史真实于不顾，视细节为历史碎片而任意倾覆或彻底遗弃，于是，只能在贫瘠可怜的几汪"纯净湖水"中择取些许浩劫之后的"鱼儿"，"竭泽而渔"的结果，更多留下的，是无尽的遗憾，因为思维上的"不经意"，漏过了许多丰腴的"水草"和"泥土"，故而"芬芳"难觅！就学术而言，材料的散佚无异于晴天霹雳，轻者一无是处，重则整个学术基础撼动，大厦土崩瓦解！以本书的学术立场，营造中国舞史大厦，材料（尤其是"活材料"）的全面占有与之相应的科学分析的新鲜思路，是必备的基础和保证。因此，本书尝试采用了这样的方法：拟将历史的断面、碎片一一粘贴，让材料生成"话语"，在符合真实的描述中，"复活"舞史的片段或支点，并在更大的背景下漫染无数片段，"复活"无数历史，构建出一个舞蹈的文化宇宙，在时空交错的每个接点、断面上连缀出完型的、"活体"存在的图景，这才是舞史研究的本义，坐落其上的舞史，才可能是一部"信史"！这也是本书成型的一个重要思维视点，文中的实现程度如何，还有待公众评说。但不管怎样，这是笔者的学术信念和追求。

本书的立论，体现了另外一种学术视向：微观描述中的理性思辨。也许这样的论说方法，更接近事物的原委，具有"润物细无声"，而又"于无声处听惊雷"的理论效应。与其说本书的解释与发现带有结论的性质，毋宁说只是从多个维度的研究过程中撷取了一些"认知结果"，也许这样的认定更具准确性和理性真诚。这些"结果"包括：

1. 就属性而言，贵池傩舞是一种文化仪式。它富含原始文化的全部意蕴，尤其完整体现了"舞蹈是人类生命的仪式"的基本人文精神。就本质而言，仪式产生的根本原因是社会控制的需要，人类社会只要存在集体生活，就存在宗教和仪式、神话、庆典和礼仪，即使是现代文明条件下，人类的社会关系仍在,维持社会关系所需的礼仪也必将存在。从这个意义上说,仪式就是社会秩序的象征,也是强化剂。

2. 贵池傩舞是原始思维流播至今的产物。其中,象征语言使用的普遍性和象征符号的大量遗存使我们意识到一个超现实、超自然的神灵和灵魂世界对土地田园中的人是多么重要,这些超现实的意象不仅是他们生活的某种精神支撑,而且也是他们艺术创造的动力和源泉。因此,超出人类能力的超自然神力和精神现象在象征符号中一再被凝固下来,这对村民来说是一个极其自然的过程。数千年的历史变迁,使这种文化的象征具备了"历史的真实",它们的存留与新质的衍生构造了真实的历史,但原始文明意蕴的合理内核被继续下来,筛淘之后的"结余"因素便成为有益的选择,一直"流落"至今,猛然间,显出了它们的"有用性"价值。

3. 贵池傩舞的形态和结构,具有"自律性发展"的特质。形态和结构作为一种原始观念的意义和载体,在演化中不断向自足性方面发展。由于主体文化心理的成熟和行为的多样化,以及对技术掌握的日益纯熟,产生了形式的多样性。形式自身的蜕变和新的形态机制的产生是形态演化的主要原因之一,而且这种演化始终和某些观念的变异同步发展。贵池傩舞自身形态的完整性和每一个个体的内在的文化成熟度,构成了它作为"人类文明活化石"的基因;这些基因的整合作用运化出整体性的傩仪形态,在亘古一揆的演进中形成了独立的文化价值。

4. 具体观之,一方面,贵池傩舞的形态是在仪式与舞蹈的相互关联中形成的,其单一、质朴的舞蹈动态方式往往受祭礼和规则的约束,更确切地说,动作的目的直接体现为它所蕴含的文化功能的作用,从终极意义的角度说,贵池傩舞功能性的表达是其动态呈现的根本和出发点;另一方面,贵池傩舞的结构直接体现为环境与核心物的完美统一,表现在仪式的古意融融和程序的严密整肃,尤其是原始文化意蕴的严格把握,使结构的谨严和意味的肃穆达到了相当的深刻程度。而且,透过形态和结构的完整性,贵池傩舞的文化气象得到了充分表达,使人类巫傩意识中体现出的对自然和宇宙的感悟，一开始便带上了强烈的"人化"倾向。村民们把自己的愿望和意志注入、渗透到自然对象中去，以期它和人的愿望和意志相一致。因此，一方面，自然和宇宙的客观规律在不断的获得过程中成为日常生活和劳动的指导性规则；另一方面，自然和宇宙也是人的情感和愿望的体现，由此才萌发了"天人合一"的朴素而原始的自然宇宙意识，并以此作为文化创造的行为规则。宇宙观说到底就是人生观，贵池傩舞的文化形态，不啻是这个群体文化心理、文化行为、思维方式和人文理想的象征物。

5.对超自然神秘力量的感知和体验，使原始人把原始思维和"形象"相联结，构成了原始人特有的一种"智力癖性"，这正是贵池傩舞的功能所在。"视觉的形象化"是巫术实践的特征，而不是一种苦心思索的结果，这也是贵池傩舞的本质所在，而非外在或后世的刻意与附加。当王者、贵族出现的时候，这种奠基于原始人对自然探索的自然宇宙哲学意识逐渐和政治结合。在从蒙昧迈向文明的过程中，原始人不自觉的宇宙意识日益成为后来人类的自觉意识，并和道德领域诸因素相结合，使其成为"以德配天"的自然根据；同时人们对时空、对自然流转变换的把握也充满人文主义色彩。这些，同样可以在贵池傩舞的文化变迁中找到功能体现的价值和实在操作的切入点。从发生到信仰，贵池傩舞全方位、能动性的文化选择揭示了功能表达的意义——探索形态背后的生命意义，在对思维合理性和观念现实性的追寻中，搭建一座维护特定群体基本生命"需求"与意识全面"满足"的桥梁，造就一种新的文化结构。

6.贵池傩舞启发了关于中国舞蹈发生的思考，成为中国舞蹈的文化发源不可回避的一个逻辑起点。原始文化未分化特征是审美意识、精神性实用、物质性实用特征之间的互为一体的关系。在许多情况下，某种文化形态的发生和演化原因往往来自于实用性因素的诱导。这种诱导作用的直接性，使"艺术起源于巫术"等一系列类似的理论得以产生并具有历史的合理性。像原始宗教、巫术这一类能在很大程度上体现原始思维特征的精神形式对原始艺术的推动作用是难以估量的，在艺术具体形态的发生和演化中，它甚至有决定意义。在中国舞蹈的众多发生元素中，"巫傩祭礼"构成一个重要方面，但以往的研究很难具备实证考察的可行性，因为材料体系的可信度令人置疑。现在，我们通过对贵池傩舞发生学意义上的当代"考古"发掘，基本可以弥补对原始文化风貌缺乏认知的遗憾，舞蹈文化人类学的介入大大缩短了揭示真实存在的距离，尽管目前我们的发现仅仅是破译中国舞蹈发生问题的开始。

需要强调的是，限于笔者的学养与能力，本书的涉猎范畴与论说前提只能框定在以"活材料"（即真实发生的人和事）为依据的视阈内，不敢涉足更加宽广的领域和更为深邃的学理。一则才力不足难以支撑皇皇宏论，二则方法论的规限不堪越界。最终，还是选择了浅尝辄止，以免挂一漏万，令浅薄之人捉襟见肘。好在不断进取，仍是为学之道，笔者若躬耕不辍，尚可趋之，以慰冲动之心矣。

总之，揭示一个学科方向、解析一个研究案例是本书旨归，但这并不意味着本书是一个完型的思维结果，因为它更多地是在试图阐发一个思路，言说一种走向，是一曲"未完成交响乐"！另外，立足于当下的思维视点，将古意融入现实的描述和"闪回"性的历史侧目中，既是本书的立论视角，更是本书的理论追求，目的在于——勾勒"田野中国"的舞蹈文化现实，回应曾经有过的辉煌的舞蹈历史，让事实和切实成为中国舞蹈的品质。